ESCRIBIR CON BUEN HUMOR: NICOLÁS GONZÁLEZ RUIZ

SELECCIÓN DE ARTÍCULOS PUBLICADOS EN *EL DEBATE*

(1923-1936)

COLECCIÓN COMUNICACIÓN

ESCRIBIR CON BUEN HUMOR: NICOLÁS GONZÁLEZ RUIZ
SELECCIÓN DE ARTÍCULOS PUBLICADOS EN *EL DEBATE* (1923-1936)

AURORA GARCÍA GONZÁLEZ

CEU | Ediciones

Escribir con buen humor: Nicolás González Ruiz. Selección de artículos publicados en *El Debate* (1923-1936)

© de los textos, Aurora García González, 2024
© de la edición, Fundación Universitaria San Pablo CEU, 2024

CEU *Ediciones*
Julián Romea 18, 28003 Madrid
Teléfono: 91 514 05 73
Correo electrónico: ceuediciones@ceu.es
www.ceuediciones.es

ISBN: 978-84-19976-06-2
Depósito legal: M-2272-2024

Maquetación y diseño de cubierta: Andrea Nieto Alonso (CEU *Ediciones*)

Impresión: Forletter, S. A.
Impreso en España

ÍNDICE

INTRODUCCIÓN

Este libro, que recoge algunos trabajos de diferente consideración, no podría haber visto la luz sin una serie de pequeñas casualidades, providenciales en cualquier caso, a las que prestar atención. El punto de partida fue la cesión por parte de la familia del archivo personal de Nicolás González Ruiz a la ACdP en marzo de 2023.

Una feliz coincidencia en un aeropuerto llevó a entablar una conversación entre el profesor y propagandista José Mª Legorburu y la autora de este libro y descubrir su vinculación con Nicolás González Ruiz, uno de los primeros propagandistas, coetáneo y amigo personal de Ángel Herrera Oria. La existencia de tal fondo documental conservado con esmero por dos de las nietas de NGR fue también tema de algunas conversaciones. Así que, cuando la familia se planteó cómo conservar el legado de don Nicolás, la ACdP resultó la más natural y mejor de las opciones.

Este libro es una expresión de reconocimiento y de respeto hacia Nicolás González Ruiz, coetáneo de los primeros propagandistas y fiel amigo y seguidor de Herrera Oria del que se consideraba deudor y seguidor. Sirva este libro de homenaje a ambos en la concurrencia de sus trayectorias. Esta es otra de las felices coincidencias que han dado origen a su publicación.

En él se recogen tres partes bien diferenciadas. La primera reproduce una biografía de NGR minuciosamente investigada, con recurso a los documentos y memorias de quienes, verbalmente, pudieron transmitir la experiencia de su conocimiento: familiares y amigos principalmente.

En la segunda se ha hecho una recopilación interesante desde el punto de vista del investigador, de las obras publicadas por este autor que dan muestra de su inmensa capacidad de trabajo, máxime en tiempos en que los medios electrónicos no existían y aun los materiales eran escasos.

Y la tercera parte, transcribe una antología de artículos publicados en *El Debate* entre 1923 y 1936, fechas en las que NGR residió en Liverpool y comenzó su colaboración con el periódico; estos artículos son un reflejo del momento histórico que le correspondió vivir.

Una cronología útil para quienes trabajan en documentación y un conjunto de referencias bibliográficas en las que se ha apoyado el trabajo completan el conjunto.

Presentar este trabajo resulta al mismo tiempo fácil y difícil. Fácil, porque trata de un periodista y de una producción literaria que han marcado una etapa de nuestra cultura periodística. Fácil también, porque el periodista de que trata –«periodista y escritor» como se dice en el libro– fue una persona simpática y campechana que ha dejado imborrables recuerdos en varias generaciones de periodistas de las que fue maestro. Y fácil además, para la autora del trabajo, por la cercanía no sólo profesional sino, y principalmente, afectiva con que emprendió la tarea.

Pero también resulta difícil esta presentación, por otra parte, por la forma que ha ido adoptando el trabajo. Se trataba de escribir sobre una persona, y como tal nada fácil de abarcar en su individualidad. Una persona además estrechamente vinculada con el nacimiento de los estudios de Ciencias de la Información en nuestro país, aún hoy en permanente desarrollo. Estudios a los que contribuyó con una colaboración, no pequeña, cuando en España la profesión carecía de toda preparación académica y se adquiría exclusivamente con el oficio.

Difícil también porque se trata de presentar un periodista desde la perspectiva que más ennoblece la profesión, esto es, desde su producción intelectual; y que además fue escritor, o más bien un trabajador de la literatura, prolífico y de permanente buen humor, al que le correspondió vivir una época de intensos cambios en el periodismo español.

Y finalmente resulta difícil esta tarea precisamente por esa vinculación que une a la autora del trabajo con la figura reseñada, a la sazón... mi abuelo.

La primera parte es una aproximación a la vida y obra de Nicolás González Ruiz, periodista y maestro de periodistas a quien hoy recuerdan con cariño algunas generaciones de profesionales formados en las aulas de las primeras Escuelas de Periodismo que conoció la historia de la prensa española. Los primeros pasos profesionales de este futuro educador de periodistas discurrieron por la vía de la historia y la literatura, aunque bien pronto empezó a despuntar su predilección por esta última; una predilección que, con los años, llegaría a convertirse en pasión irresistible que adquirió para él cuerpo de oficio.

Durante la mayor parte de su vida, el periodista convertido en literato simultaneó la dedicación a estas dos actividades. De su labor periodística durante largos años, en los diarios *El Debate* y *Ya*, ha quedado una muestra –de la cual algo refleja la bibliografía que se incluye– que hoy constituye una sólida base de apuntes para la historia del periodismo. Y de su tarea literaria ha quedado un conjunto de más de 50 obras publicadas. Si a ello se unen miles de artículos, editoriales, críticas de teatro y de libros, reportajes, recensiones, charlas radiofónicas, traducciones, obras de teatro, adaptaciones, conferencias, etc., bien puede decirse como señala su hijo Antonio al referirse a las causas de su fallecimiento, que «si verdaderamente fue de hemorragia cerebral, la hemorragia, sin duda, fue de tinta».

Todo ello fruto de una capacidad de trabajo puesta durante casi cuarenta años al servicio de la profesión periodística. Porque para él el periodismo fue, además de una vocación, el desbordamiento de su actividad de escritor. El acercamiento a su personalidad y a su trabajo me han llevado a descubrir que su buen humor y su facilidad de palabra fueron siempre la herramienta para contactar con los lectores, ya que consideraba una obligación poner su capacidad al servicio y a disposición del público para el que escribía.

El método de elaboración consistió en la recopilación y clasificación de fuentes publicadas (aquello que tiene por autor Nicolás González Ruiz) y de bibliografía (aquello que se escribió sobre el autor y su obra). Se notará la falta de cuanto corresponde a su labor anónima de editorialista y las fuentes inéditas, que tal vez sean objeto de otro estudio posterior. A partir de la documentación debidamente ordenada –cronológica y alfabéticamente– se procedió a la extracción de los datos más significativos por su aportación al objeto del trabajo.

Las principales conclusiones van entremezcladas en el texto con anécdotas ilustrativas que he podido conocer a través de sus compañeros, cuya colaboración agradezco desde aquí, y de sus familiares. Ello ha hecho más fácil el conocimiento del periodista y el resultado han sido estos folios que contienen algo de lo mucho que se podría decir.

Desde luego la delicada atención y el entusiasmo de quienes han ayudado a que salga a la luz, merecen un reconocimiento. En primer lugar, al presidente de la ACdP, Alfonso Bullón de Mendoza; a Regina Plañiol, directora de Presidencia de la Fundación Universitaria San Pablo CEU; a Pablo Sánchez Garrido, director del Centro de Documentación, Investigación y Formación–CEDINFOR y a Ascensión Gil, directora de Archivos y Bibliotecas CEU, así como a María del Carmen Escribano, vicesecretaria general de la Asociación. A la directora de CEU Ediciones, Ana Rodríguez de Agüero, sin cuya dedicación y excelente trabajo no hubiera sido posible; a José Mª Legorburu Hortelano y a todas aquellas personas vinculadas con la ACdP, que con su apoyo y con su estímulo, han conseguido poner en pie este proyecto. A todos ellos muchas gracias.

PARTE I

NICOLÁS GONZÁLEZ RUIZ, PERIODISTA Y ESCRITOR

1. ANDALUZ Y CATALÁN

En el año 1894, para Nicolás González López, un trabajador de las minas de Almería, se acababa de cumplir una de las máximas aspiraciones de su vida. Gracias a un esfuerzo sostenido durante largo tiempo había conseguido el título de Sobrestante de Obras Públicas, en Málaga, tras una vida de duros esfuerzos. Podía decirse que había salido adelante con el único bagaje de su fuerza de voluntad[1]. Dos años después, el 26 de noviembre de 1896, contraía matrimonio con una malagueña: Isabel Ruiz Fernández[2], de familia acomodada de Andalucía.

El cargo que por fin desempeñaba Nicolás González López obligó, en 1897, al reciente matrimonio a trasladarse a un, entonces, pequeño pueblo de la provincia de Barcelona: Mataró. En esta localidad, Isabel se sintió extraña y desplazada, quizás por el fuerte contraste con su tierra de origen. Y nunca consiguió llegar a identificarse con las tierras catalanas.

---

1 Nicolás González López había nacido el 16 de mayo de 1861 en Paterna (presumiblemente del Río) en Almería según consta en un libro manuscrito, y autobiográfico, que él mismo inició y que conserva hoy el heredero correspondiente. Casi treinta años después, obtuvo el título de maestro (15 de junio de 1889) en Málaga, lo que permite deducir que procuró alternar el trabajo en la mina con sus estudios. Y cinco años más tarde consiguió el cargo de Sobrestante de Obras Públicas (30 de marzo de 1894) gracias a sus previos estudios.

2 Nacida en Málaga el 1 de diciembre de 1874 y maestra también desde 1894. Entre los maestros eran frecuentes este tipo de matrimonios.

Al poco tiempo de su llegada a Mataró vino al mundo su primer hijo, a quien en la pila de bautismo impusieron los nombres de Nicolás Sebastián José. Nicolás González Ruiz, reunió en su persona la sangre andaluza de sus padres y el carácter catalán de la tierra en que nació, dos elementos importantes para una futura vocación periodística y literaria. El acontecimiento se produjo el 7 de noviembre de 1897. El ambiente familiar era de fuerte tradición patriarcal, con un cabeza de familia autoritario entregado plenamente a ejercer su papel de padre.

La estrechez y las dificultades que había tenido que superar Nicolás González López dejaron en él una profunda huella, y le indujeron a adoptar la firme decisión de dotar a sus hijos de los medios que él no había tenido para defenderse en la vida, así como a inculcarles especialmente el valor de la voluntad, de la fuerza de voluntad con la que él había salido adelante[3].

El siguiente destino que tuvo la familia González Ruiz fue Valls, un pequeño pueblo de la provincia de Tarragona, donde nacieron dos niñas, Isabel en 1899 y María en 1901. Un nuevo desplazamiento a la localidad de Montblanch, también en Tarragona, cambió una vez más los planes familiares. Allí, el 30 de septiembre de 1904, nació el último miembro de la familia, Felipe, que siempre admiró a su hermano mayor y que acabaría por seguir muy de cerca sus pasos. Esta admiración del pequeño tenía su razón de ser ya que su padre se desvivía constantemente por dar al hijo mayor, cuanto antes, aquella instrucción de la que él había carecido.

Por este empeño paterno, Nicolás González Ruiz había aprendido a leer a una edad muy temprana. Este hecho hizo que le rodeara una cierta fama de niño prodigio a los ojos de los obreros que trabajaban en las pequeñas poblaciones en que les correspondió vivir. Antes de dejar Montblanch con destino a Tarragona,

---

3 Años más tarde, Nicolás González Ruiz dedicó un artículo a su padre con el título «Lo que salió de la artesa» en el que subrayaba esa fuerza de voluntad que le era tan característica (Cfr. *El Debate*, 19/07/1924).

el siguiente desplazamiento familiar, Nicolás González Ruiz se había hecho popular por leer a los trabajadores vecinos de su domicilio el único periódico de que disponían y que se editaba en catalán y en castellano[4]. A título de anécdota acerca de su incipiente amor por las letras se puede citar el hecho de que a la edad de nueve años, según refirió él mismo en alguna ocasión, se leyó los cuarenta tomos de *Rocambole*[5].

En Tarragona realizó los estudios de bachiller[6]. La vida, hasta entonces pacífica, que Nicolás había conocido se vio alterada por tristes e inesperados acontecimientos. El 5 de febrero de 1915 murió su hermana Isabel, a la edad de 15 años. Este hecho hizo que su madre se sintiera más incómoda aún en la tierra catalana, sacudida en aquellos momentos por feroces nacionalismos. Él recordaría años más tarde, la profunda impresión que le causó un viaje que realizó con su padre a Barcelona en la «Semana Trágica».

Nicolás González Ruiz comenzó a manifestar pronto un carácter fuerte que provocó algunos choques con el de su padre. Este deseaba para su hijo una carrera de ingeniero –la que él no pudo hacer– y se resistía a ver en el muchacho la falta de disposición para las ciencias, mientras afloraban su facilidad de escritura y su creciente imaginación. Precisamente con ocasión del fallecimiento de Isabel se publicaron en *El Noticiero Universal* sus primeras, y casi únicas, poesías dedicadas a la muerte de su hermana. Fueron una primera muestra de su vocación literaria. Desde esos días no volvió a escribir poesía de manera regular, y siempre rehuía la conversación sobre este tema. Decía que pre-

---

4 Probablemente *El Noticiero Universal*.

5 «Nicolás González Ruiz», *Gaceta Ilustrada*, nº 588, (14/01/1968).

6 En el mencionado libro autobiográfico, iniciado por Nicolás González López, consta que Nicolás González Ruiz finalizó el bachillerato el 6 de junio de 1907 con excelentes calificaciones y que se hace constar, precisamente, a petición del niño. Ahí se señala que era todavía en Tarragona.

fería olvidar aquellos comienzos que fueron un compuesto de cursilería y entusiasmo juvenil[7].

«No me opongo a que escribas; pero has de seguir tus estudios de Licenciatura, y como lo importante para un hombre es ganarse los garbanzos, sugiero que hagas una oposición para tener una cosita segura». El padre de Nicolás continuaba muy preocupado por la inclinación cada vez más clara que este hijo mostraba desde muy pequeño hacia la literatura y por las pocas ganas de estudiar otras cosas más serias.

Finalmente, y más bien por seguir los consejos paternos, Nicolás González Ruiz decidió prepararse para las oposiciones al cuerpo de Aduanas. Fue la última concesión a los deseos de su padre, aunque la decisión de prepararse no pasó de ahí. A los veinte años fue Licenciado en Historia, a cuyos estudios se resignó su padre cuando vio que eran inútiles sus esfuerzos en otro sentido.

Sin embargo, en 1918, Nicolás González Ruiz decidió abandonar la casa paterna y trasladarse a Madrid para intentar dedicarse a la actividad periodística por la que sentía una especial inclinación. Empezó por realizar algunos trabajos en Saturnino Calleja, la editorial más destacada de Madrid, y obtuvo una cierta experiencia en la editorial Espasa-Calpe donde encontró también ocupación unos años. Su vida en la capital le permitía alternar su trabajo con la asistencia a tertulias culturales y literarias, conciertos, etc., y en seguida consiguió moverse en un ámbito que le puso en contacto con destacados miembros del medio intelectual: Ortega y Gasset, Unamuno...

7　No obstante, al realizar un estudio más atento sobre su obra han salido a la luz algunos poemas inéditos que Nicolás González Ruiz guardaba entre sus papeles como cosa de poco valor, aunque hoy indicativa de una de sus facetas literarias. Muchos años más tarde, en octubre de 1945, declararía en la prensa: «Es difícil concebir que pueda haber otro camino literario, que nos levante de una realidad inadmisible, que el de la poesía pura. Será el único que permita manifestarse a una personalidad original. El teatro y la novela se industrializarán en absoluto y podrán ser obtenidos en laboratorios especiales a base de cualquier transformación. En esta época triunfal del sucedáneo y de la soberbia química no hay más salvación que la conquista de lo auténtico. Y en literatura lo único auténtico es la poesía» (Cfr. *Fotos*, octubre 1945).

Durante este tiempo sucedió la muerte, prematura también, de su hermana María a la edad de 17 años. El fallecimiento se produjo en Cáceres, donde ahora residía la familia, el 19 de diciembre de 1919. Y dos años después sobrevino la muerte de su madre, en Madrid a donde se había trasladado para someterse a una intervención quirúrgica de la que no se repuso. Isabel Ruiz murió el 10 de septiembre de 1921, a los 47 años.

Un mes después de la muerte de su madre, Nicolás González Ruiz se trasladó a Liverpool como profesor auxiliar de Lengua y Literatura españolas en la universidad de esta ciudad. Fue precisamente un miembro del medio intelectual que frecuentaba quien le ofreció la posibilidad de trasladarse a Inglaterra. No tardó en decidirse, animado sobre todo por la idea de conocer a los hispanistas que colaboraban con el Centro de Estudios Hispánicos: Frizmaurice-Kelly (cuya *Historia de la Literatura Española* se utilizó como texto mientras no hubo ninguna de producción nacional), Allison Peers..., y otros.

Así pues, en octubre de 1921 embarcó para Liverpool donde trabajó como lector de español en la cátedra de Allison Peers. A lo largo de aquel primer año desarrolló una gran labor. Se recuerdan sus colaboraciones en las actividades culturales y su activa promoción de representaciones teatrales de las que fue director y actor, su participación en conferencias y cursos monográficos (sobre todo acerca de los representantes de la generación del 98). También comenzó a dirigir la revista *Bulletin of Spanish Studies* de la Universidad de Liverpool. Otra de sus numerosas iniciativas fue organizar un curso de verano para los estudiantes con objeto de que pudieran perfeccionar sus conocimientos de español. Con ellos regresó a España en el verano de 1922; el curso se desarrolló en Santander.

Precisamente en este viaje, entre curso y curso en Inglaterra, un amigo común le presentó al futuro cardenal Herrera Oria, entonces director de un periódico de no muy lejana fundación, *El Debate*, órgano de las derechas. La figura de Ángel Herrera llegaría a tener una importancia decisiva en la vida de Nicolás, como después se verá. Antes de regresar a Liverpool contrajo matrimonio con Julia Hernández González[8], en cuya casa había encontrado una cordial acogida al poco tiempo de su llegada a Madrid y con cuya familia, integrada en aquel momento exclusivamente por mujeres, había entablado una entrañable y protectora amistad. La boda tuvo lugar el 14 de septiembre de 1922, y el mismo día el nuevo matrimonio salía con rumbo a Inglaterra. Allí nacería su primera hija el 16 de junio de 1923, a la que impusieron el nombre de Isabel, en recuerdo de su hermana.

Aquel fue un año importante ya que significó el comienzo de su actividad periodística en el diario *El Debate*. Herrera le había hablado del periódico que dirigía y le animó a que enviara alguna colaboración sobre temas relacionados con su actividad en Liverpool, cuentos, artículos o lo que le gustara escribir. Existía entonces en *El Debate* una sección, que más tarde se recogería en un libro (de cuya coordinación se ocupó Nicolás González Ruiz), titulada «En esta hora», en la que solían insertarse críticas de libros o biografías de autores o colaboradores de distintas procedencias. Esta fue la sección en la que comenzó a colaborar Nicolás González Ruiz al empezar su actividad periodística. En sus artículos fueron apareciendo el carácter inglés, la política, la literatura, anécdotas y cuentos. Sin embargo, su primer artículo se había publicado en la sección llamada «Un cuento diario» de *El Noticiero Universal*. Se titulaba «El peixet» y hacía referencia a un muchacho que recordaba de su infancia en los pueblos catalanes.

La estancia en Inglaterra no fue larga ya que Ángel Herrera le «fichó» rápidamente y le ofreció la posibilidad de regresar a España para trabajar con él, de manera estable, en *El Debate*. Mientras reflexionaba sobre la conveniencia de aceptar, acabó de impartir su último curso de español y fue poniendo fin a todas sus actividades en Londres y Liverpool. Aquel mismo curso (1923-1924), antes de marcharse definitivamente, pronunció al-

---

8   Nacida en Madrid el 22 de marzo de 1899.

gunas conferencias en Manchester. A finales de agosto regresó a España y, el 2 de septiembre de 1924 firmaba ya sus artículos desde Madrid.

2. POR FIN PERIODISTA

De esta manera ingresó en la plantilla del diario *El Debate*, en la que con el tiempo sustituiría como Jefe de Redacción a José de Medina Togores. Su retorno a Madrid con este motivo le permitió estabilizar su vida. En abril de 1925 vino al mundo su segunda hija, María, como su otra hermana prematuramente desaparecida. Pero ese mismo año sería también el de la muerte de su padre, que se produjo en Cáceres el 21 de septiembre, cuando contaba 64 años de edad.

En *El Debate* se le encomendaron fundamentalmente los trabajos de redactar los editoriales del periódico, cuestión nada sencilla que él tuvo que resolver con facilidad de pluma y con ganas de trabajar. Eran momentos difíciles para la política española en plena I República y los temas editoriales constituían una delicada cuestión que se estudiaba diariamente en el seno del periódico, como se verá más adelante. En los artículos de fondo de esta época se percibe claramente la habilidad que tenía para abordar temas difíciles.

Con su entrada en *El Debate* se había abierto para él el camino del periodismo al que se dedicaría después durante más de cuarenta años. En 1935 fue nombrado redactor jefe del periódico. A él le correspondió en aquel año redactar un editorial que llevaba por título «Despedida del que fue rey de España, Alfonso XIII». En el período comprendido entre su ingreso en *El Debate* y la Guerra Civil de 1936 nacieron otros cinco hijos del matrimonio (Antonio, Julia, Rafael, Aurora y Montserrat). Esta carga familiar forzaba su entrega y su dedicación profesional, a la que se sentía, además, inclinado por una fuerte vocación literaria. En plena Guerra Civil, el 12 de febrero de 1937, nacería la última de sus hijas, Mª del Pilar.

Es fácil seguir su trayectoria en los años siguientes a través de sus escritos. A partir de su entrada en *El Debate* se convirtió en un profesional entusiasta del periodismo en todas sus dimensiones. Dentro de ese ámbito profesional, con la voluntad que probablemente había conseguido inculcarle su padre, dedicó la mayor parte de su vida ya de lleno a la tarea de escribir. En realidad, se encontró dedicado, por vocación y por necesidad, a esta tarea, a través de su trabajo como editorialista y como crítico teatral y literario, primero en *El Debate* y más tarde, cuando la empresa cambió por circunstancias que se verán más adelante, en el diario *Ya* que fue su sucesor (Vid. Infra, 2.2.). En ambos medios destacó por una constante y benévola actuación.

Por esa dedicación vocacional al trabajo, unida a la necesidad de mantener una familia bastante numerosa, en los tiempos en que fue redactor de *El Debate* era conocido entre sus compañeros como «especialista en todo-lo-demás» porque sustituía con toda facilidad a cualquiera que faltase[9].

De su capacidad de trabajo constituyen un testimonio claro los años comprendidos entre 1923 y 1936 en que además del editorial solía preparar cada día un artículo de fondo o un suelto o glosa que llamaba «lo del día», además de escribir dos artículos semanales sobre política. No obstante, y a pesar de su inagotable dedicación a lo que se le encomendara, él tenía claras preferencias y mostraba su predilección por la crítica literaria, que ejerció durante largos años. Inició esta actividad con unos artículos que se publicaban en la primera plana de *El Debate*, que eran entre semblanzas y entrevistas sobre escritores e intelectuales de aquel momento histórico. Se escribió sobre estos textos: «El estilo era nuevo: analítico, sugeridor, profundo, servido por una deliciosa forma literaria,

---

9 Testimonio de Alejandro Fernández Pombo. Entrevista personal (01/07/1977). Cfr. también «Hablemos de D. Nicolás», *Ya* (16/02/1997). Alejandro Fernández Pombo fue director del diario *Ya*.

transparente y cordial»[10]. Todo este trabajo, y el que siguió durante nueve infatigables lustros en el ámbito periodístico, le condujo a consolidar su técnica y sus conocimientos sobre la profesión. Una capacitación inmejorable que le permitiría después convertirse en formador de nuevas generaciones de profesionales.

Por otra parte, Nicolás González Ruiz dedicó buena parte de su actividad a un periodismo «a su estilo» por el que podría clasificársele como comentarista. Él enseñaría, años después, a este respecto que «escribir para los periódicos exige un adiestramiento singular no sólo en cuanto concierne al estilo en sí mismo, sino a la manera de disponer y ordenar los elementos de la composición»[11].

Su propia experiencia le ayudó a perfilar y definir su concepto de estilo periodístico:

> Debe ser ante todo concreto, porque, de suyo, importa que todo estilo lo sea, y porque esta condición ha de exigirse de manera imperiosa al que deba tener como primera condición la claridad y esté llamado, por su difusión enorme, a influir sobre la cultura de la gente[12].

Esta concepción se puede encontrar a lo largo de toda su obra porque la manifestaba espontáneamente, aunque se esforzó siempre y enseñó a otros a esforzarse por escribir con corrección. Gregorio Marañón escribió de él: «(...) posee ante todo, la cualidad que yo valoro más en todo escritor: la sencillez de estilo, que es como la flor de la claridad en la mente»[13].

Su tendencia hacia el comentario como tal –ese cúmulo de trabajos periodísticos o paraperiodísticos que pueden ser denominados conjuntamente artículos (*comment* anglosajón)– derivaba proba-

---

10 GÓMEZ APARICIO, P. (01/01/1968). «D. Nicolás ha muerto». En: *Hoja del Lunes de Madrid*.

11 GONZÁLEZ RUIZ, N. (1965). «Redacción periodística». En: *Enciclopedia del Periodismo*. Ed. Noguer, Madrid, p. 101.

12 GONZÁLEZ RUIZ, N., *Op. cit.*, p. 102.

13 MARAÑÓN, G. (1957). Prólogo a la *Obra Selecta* de Nicolás González Ruiz. Ed. Labor, Barcelona.

blemente de una concepción romántica del periodismo. El comentario le permitía sustraerse a las exigencias del editorial, a las que le obligaba su trabajo en *El Debate,* y al mismo tiempo le facilitaba incursiones en todos los terrenos, para escribir sobre cualquier cosa que le llamara la atención, que era en realidad lo que más le gustaba. La verdad es que prefería el comentario porque le permitía ejercitar su agudeza y su ingenio al valorar y enjuiciar, para buscarles siempre la gracia, los acontecimientos más intrascendentes de la vida cotidiana. Sus comentarios cumplían esa importante misión del periodismo que consiste en divertir, en entretener al lector y distraerle de sus habituales ocupaciones. Ejecutaban dentro del periodismo esa función –de entretenimiento– psicoterapéutica, tan necesaria en nuestra sociedad. Como dice Ortega «las grandes épocas han sabido sostenerse sobre el abismo de miseria que es la existencia, gracias al esfuerzo deportivo de una sonrisa». Nicolás González Ruiz añadió con estos comentarios una nota de amenidad a las secciones del periódico. Y además destaca en todos ellos el mucho empeño con que los trabajó y la atención que dedicaba a pulir el idioma. Sus comentarios reflejan también sus conocimientos literarios, si bien siempre escribía dentro de los límites que le imponía el servicio a las necesidades del medio y a la actualidad.

Su técnica de comentarista era sencilla. Consistía en centrar al lector de golpe, casi bruscamente, en las primeras líneas, en el tema acerca del cual se proponía escribir. Después dejaba correr su pluma y su pensamiento hacia donde le llevara su sentido del humor. Él advertía que «en la tarea diaria de escribir nos acecha el terrible vicio de la monotonía en todos sus aspectos»[14] y tras exponer a continuación los múltiples modos en que se puede ser monótono, añadía «periodísticamente debemos huir de la monotonía como un enemigo malo, pues si hay algo que exigirle al buen estilo periodístico es una fuerza expresiva singular»[15].

---

14 GONZÁLEZ RUIZ, N., *Op. cit.* Vol. 3, p. 113.
15 GONZÁLEZ RUIZ, N., *Op. cit.* Vol. 3, p. 114.

No obstante, se mostraba igualmente enemigo del uso habitual del lenguaje figurado:

> El efecto de un artículo así redactado puede ser el de una sugestión ejercida por la brillantez de la superficie, acompañada de una casi insuperable dificultad de que el lector exponga en síntesis, las ideas expresadas en el resto de lo que ha leído[16].

Lo cierto es que dedicó gran parte de su actividad a trabajar en la línea de hacer aprender a otros el arte de hablar con claridad. El resultado fueron páginas enteras en las que expuso cuidadosamente el uso correcto de la lengua y en las que describió, no sin cierta ironía, los errores más comunes recogidos de las páginas de los periódicos.

En sus escritos insistía una y mil veces en que la narración periodística es parte de la narración literaria y parte inseparable. «Hay una narración periodística que es parte de la narración literaria en la cual los elementos se ordenan de modo determinado para producir el interés y se siguen ciertas normas de concisión»[17]. Algo que puso en práctica durante toda su vida. En todo lo que escribía para el periódico, y mucho más en sus habituales comentarios, tuvo a gala el haber tomado partido, el haber expresado siempre lo que pensaba de los acontecimientos que refería. Lo dicho anteriormente no le impedía añadir que «en el periodismo esa toma de contacto la da hecha la realidad a la que es preciso servir, y el creador literario tiene que buscar esa realidad que le sirva la situación que desea»[18]. Esto es, que para él el punto de partida era siempre la realidad de cualquier acontecimiento que pudiera resultar, desde algún aspecto, interesante.

Por otra parte, ejerció también durante años, como ya se ha mencionado, su actividad como crítico.

---

16 GONZÁLEZ RUIZ, N., *Op. cit.* Vol. 3, p. 114.
17 GONZÁLEZ RUIZ, N., *Op. cit.* Vol. 3, p. 130.
18 GONZÁLEZ RUIZ, N., *Op. cit.* Vol. 3, p. 135.

La crítica se ejerce en el periódico en el mismo sentido que en todas las demás actividades que se reflejan en él, si bien esta se caracteriza por ser copartícipe de las dos misiones fundamentales que el periódico tiene: informar y orientar[19].

Nicolás González Ruiz practicó durante largos años este género como crítico literario y teatral, dos actividades a las que se dedicó también largamente.

No es posible en esta faceta de Nicolás González Ruiz omitir una nota peculiarmente suya que aparece en muchas ocasiones y que podría llamarse su instintiva capacidad de selección para la crítica. Son palabras suyas: «Si no hay crítica es que no hay buena y vigorosa creación literaria... La crítica literaria no es un fenómeno aislado sino el reflejo de una actitud crítica, fecunda –no negativa– de la sociedad».

Y al mismo tiempo era capaz de afirmar:

> Nunca hablo más que de Literatura y de Historia en mis críticas, que es lo que he estudiado. Otras disciplinas las admiro, y algunas, como las matemáticas y el derecho, me repugnan profundamente. Para realizar mi crítica no tengo más que un sistema, vigorosamente antiliberal: creo firmemente que siempre tengo razón; que lo que a mí no me gusta está mal, y que lo que a mí me gusta está bien. Apoyado en esta fecunda actitud aplico el ingenio de que dispongo a la tarea de allegar razones que demuestren por qué es malo lo que no me gusta y bueno lo que me agrada. Prefiero decirlo así, llanamente, suprimiendo los lugares comunes, empalagosos, bañados de modestia falsa[20].

La crítica literaria comenzó a practicarla en una sección de *El Debate* llamada «Correo literario» que estuvo publicándose hasta 1928 y en la que firmaba con el seudónimo «El licenciado Pero-Pérez». Aislada y ocasionalmente publicó también artículos de crítica en algunas revistas. En su opinión:

---

19 GONZÁLEZ RUIZ, N., *Op. cit.* Vol. 3, p. 449.

20 GONZÁLEZ RUIZ, N. (febrero de 1944). *Gaceta de la Prensa Española*.

El crítico periodístico de libros tiene una sacrificada y difícil misión que cumplir. En la historia periodística de España no recuerdo más que un caso en el que esta misión se haya cumplido al máximo posible. Fue en la «Página bibliográfica» del suplemento dominical de *El Debate*[21].

La experiencia que adquirió en la utilización de este género quedó posteriormente recopilada por él mismo, en una obra dirigida a los futuros profesionales de la información. Al señalar las siguientes condiciones generales, comunes a todas las secciones, para la crítica periodística, resumía su propia experiencia:

1. La crítica en el periódico ha de ser fielmente informativa, como primera condición.

2. Ha de responder en sus juicios a una perspectiva o a un criterio elaborado del crítico, de manera que no quede a merced del impresionismo o del humor del momento.

3. Ha de ser positiva, ante todo, resaltando los valores de ese orden y después, por contraste, los negativos.

4. Ha de ejercitarse con ecuanimidad de tono y de absoluto respeto a las personas y desarrollarse con estilo preciso y ágil[22].

Su trabajo como crítico teatral adquirió solidez y continuidad durante nueve años –1940 a 1949– en los que trabajó como asesor literario del Teatro Español, en el que además durante algún tiempo ocupó el cargo de director, de lo cual hablaremos más adelante. Para esta labor le resultaba de gran utilidad su conocimiento profundo de los clásicos.

Con frecuencia se encontró en su labor diaria de crítico teatral con que en este campo se «apela a un vocabulario peculiar que sitúa en un círculo estrecho, dentro del mundo artístico en el que se mueve, y le aleja del gran público para el cual escribe (...) en el periódico

---

21 GONZÁLEZ RUIZ, N., *Op. cit.* Vol. 3, p. 430.

22 GONZÁLEZ RUIZ, N., *Enciclopedia del Periodismo.* Vol. 3, p. 432.

ha de evitarse no sólo lo que sea ampuloso y vacío de sentido, sino lo que pueda dar esa sensación (...) el estilo de estas secciones suele ser contagiado ostensiblemente del escaso nivel de lo gregario»[23].

Todo el conjunto de su obra periodística puede incluirse dentro del genérico «Artículos y reportajes», lo que César González Ruano dice que no sabe si situar entre el término «Periodismo Mayor» o «Literatura Menor». Su personalidad se expresaba de múltiples formas en todo lo que escribía. Practicó todos los géneros, desde el ensayo pequeño y el artículo de humor a las semblanzas, artículos costumbristas y hasta doctrinales.

3. ESCRIBIR CON BUEN HUMOR

Este periodista nato fue también un agudo humorista. La fuerza de años de dedicación a sus comentarios, escritos con un tinte de humor muy peculiar, acabaron de pulir su trabajo y configurarlo con este rasgo distintivo característico, que no puede omitirse al abordar el estudio de su personalidad.

De la estancia en Inglaterra le había quedado una huella del humor inglés más auténtico. Él, que se distinguió, tanto en su vida como en su trabajo, por su buen humor, ejerció de manera habitual y sin esfuerzo un estilo que hacía sonreír, pero no reír.

> Justamente por la necesidad que tiene el periódico de atraerse al lector con una lectura cautivadora, ha creado una serie de formas que son, incluso desde el punto de vista del estilo, típicamente periodísticas y –como la sección cultural y su estilo– se hallan a mitad de camino entre la Literatura y el Periodismo[24].

Con una estructura sencilla Nicolás González Ruiz mostraba a diario su humorística visión de la vida que le rodeaba mientras se regodeaba, al dirigir, día a día, estas amables líneas a sus lectores.

---

23 GONZÁLEZ RUIZ, N., *Op. cit.* Vol. 3, p. 432.
24 DOVIFAT, E. (1959). *Periodismo.* México. Vol. 1, p. 137.

Tuvo a su cargo, especialmente en el diario *Ya*, secciones que adquirieron gran popularidad, debido precisamente a su sentido del humor. Entre ellas pueden citarse «Cosas de papá», que siempre concluía con una frase que se hizo célebre: «papá también tiene hijas»; «En esta hora», «Comentario Leve», «Tertulia y anécdota», «Humor, amenidades y pasatiempos», etc. En estos artículos solía referirse a cualquier aspecto de la vida humana, sin que importase mucho la actualidad de lo que comentaba, con el propósito de entretener, emocionar, o divertir al lector. Es importante subrayar esta nota característica del humor, entre otras cualidades, porque constituye un elemento común e inseparable en todos sus escritos.

Su buen humor, considerado en sí, se extendió a todos los campos que trató, desde el costumbrismo a la política. En una ocasión se ocupó incluso de la información gráfica humorística –fue su única aportación en este sentido– a través de un friso de caricaturas del extranjero, que diariamente publicaba *El Debate* al pie de la segunda página. Él era quien se encargaba de seleccionarlas y recogerlas.

Señaló de sí mismo –en una obra casi autobiográfica que tituló *El polígamo inocente*– «el humorismo no está en mí sino en las cosas y yo no hago más que ponerlo al descubierto al revelarlas sencillamente»[25]. Las bases sobre las que se apoyaba su humor fueron la sencillez en la exposición, la claridad de sus expresiones, el dominio de la lengua y su penetrante observación de detalles triviales.

Los mismos títulos de sus artículos evidencian, en la mayoría de los casos, este sentido del humor, inseparable de su modo de ver la vida. A través de ellos se puede observar mucho del carácter de su autor. Cito a modo de ejemplo: «Música de catarros», «Una nariz en ocho minutos», «El cerdo operado», «Por qué me pusieron Telesforo», «El día de la suegra», o «Dos ex-alumnas»[26].

---

25 GONZÁLEZ RUIZ, N. *Obra Selecta.* Vol. 5, p. 212.
26 Todos recogidos en la *Obra Selecta.* Vol. 5.

Ellos pueden dar idea de los temas tratados y hasta del matiz con que se abordaron. Impregnadas de ese humor tan propio, natural y divertido, intrascendente y sin doble intención, sus obras dieron un empuje al género periodístico.

Un año después de su muerte se le recordaba, en uno de los artículos publicado con tal motivo, precisamente por esta característica tan suya.

> Ejerció la sencillez. Persiguió la claridad. Y en medio de su expresión sin barroquismos, ni repliegues, aparece inevitable, en cuanto se comienza a leer cualquiera de sus escritos, su sentido del humor. Un humor tierno y jovial, bonachón y acariciante... Le faltó escribir más por puro placer... ¿Qué hubiera sido si su pluma hubiera corrido como en una divertida expansión de vitalidad?[27].

A título anecdótico y porque me consta que a él le hubiera gustado que se contara así, quiero incluir en este apartado dedicado a su humorismo el hecho de que le fuera concedida la condecoración de «Caballero de la Orden Ecuestre de San Silvestre», que él, poco amigo de distinciones, aceptó por tratarse de una condecoración pontificia. Y el humor de este hecho, para quien haya conocido a don Nicolás, procede de lo difícil que resulta imaginar su voluminoso corpachón a caballo, cuestión de la que él mismo solía reírse franca y abiertamente.

Finalmente, su habitual esfuerzo y dedicación a hacer sonreír a otros culminó con la fecha de su muerte ocurrida, por casualidad o no, en la víspera de los Santos Inocentes.

---

27   BRASSO, «Nicolás González Ruiz escribió demasiado por encargo». *Pueblo* (16/10/1968).

A lo largo de muchos y conflictivos años de ejercicio de la profesión periodística Nicolás González Ruiz contribuyó de manera más o menos directa a la configuración y sistematización de los estudios de periodismo desde distintos frentes de actuación. Para el estudio de su aportación podrían establecerse tres etapas de su vida profesional, aunque siempre es difícil ajustar en clasificaciones lo que en la vida se produce de manera espontánea y con frecuencia simultáneamente. Podría considerarse una primera etapa la que transcurrió en el diario *El Debate*. Desde su ingreso en el periódico en el año 1924 hasta el cierre del mismo en el año 1939[28], fue miembro de su Consejo Editorial, una institución que merece consideración aparte. Podría constituir otra etapa la correspondiente a la labor docente que desarrolló en las Escuelas de Periodismo, en las que tuvo una activa participación en el nacimiento y primeros pasos de las mismas. Y podría considerarse una tercera y última etapa la de su actividad como miembro del Consejo de Redacción del diario *Ya*.

1. EL CONSEJO EDITORIAL DE *EL DEBATE*

La empresa de *El Debate* se creó para hacer un periódico católico y tuvo, por consiguiente, una primera norma ideal y moral a la que todo el resto quedaba supeditado. Para que esta norma se cum-

---

28 El 19 de julio de 1936 el diario pasó a manos del Partido Comunista cuando los periódicos desafectos a la causa republicana fueron redistribuidos. El PC editó entonces con los equipos e instalaciones de *El Debate*, la revista *Mundo Obrero*.

pliera era necesario: primero una garantía de continuidad y de perfecta conservación del espíritu con que se había fundado; segundo, que esa garantía se viera respaldada a su vez por el principio estatutario de una sumisión efectiva a la Iglesia y a la Jerarquía.

Ángel Herrera Oria era presidente de la Asociación Católica Nacional de Jóvenes Propagandistas (ACNdP) que se había fundado en 1909. En 1910, estos jóvenes se lanzaron a luchar contra los proyectos canalejistas, con el fin de defender la unidad de los católicos. De ahí nacería la idea de la necesidad de un periódico oficial y declaradamente católico. En 1911, compraron la propiedad del diario que se publicaba con el nombre de *El Debate*, (que había sido fundado en 1910 a instancias del obispo de Jaca, Sebastián Luque), y constituyeron una nueva empresa editora con un capital social de 100.000 pts., aportadas a partes iguales por La Editorial Vizcaína (propietaria de *La Gaceta del Norte*) y la ACNdP. Los comienzos, el 1 de noviembre de 1911, no fueron buenos y en octubre del año siguiente la Editorial Vizcaína cedió gratuitamente su parte de propiedad del periódico a la ACNdP. Así surgía, el 23 de noviembre de 1912, la Editorial Católica, propietaria de *El Debate*.

Cuando en 1911 Ángel Herrera asumió la dirección de *El Debate*, este era un diario anodino y rutinario. Dos conceptos, casi únicos, del periódico, imperaban entonces en España: el del diario autodenominado independiente, pero subordinado casi siempre a intereses sociales o económicos concretos, y el del órgano de un partido político o de algún destacado personaje. Frente a ello se opuso el concepto de un diario de opinión que elevó a la categoría de institución social[29].

Para lograr plenamente sus aspiraciones, de constituir un gran periódico católico independiente, la empresa propietaria de *El Debate* se constituyó como una Sociedad Anónima por acciones

---

29 GÓMEZ APARICIO, P. (1974). *Historia del Periodismo español*. Editora Nacional, Madrid, p. 108.

nominativas de cuya primera Junta General de Accionistas salió una Junta de Gobierno que renovaba por sí misma sus vacantes. En esta Junta residía la continuidad del espíritu. No había en ella renovación total posible, por lo cual mantendría viva la tradición y el criterio que la informaron desde el primer día.

Indispensables previsiones estatutarias cerraron el paso a toda posible maniobra financiera. Ningún accionista podía disponer nunca de más de 10 acciones en la Junta General. No se podían enajenar acciones, sin conocimiento de la Junta de Gobierno. Esta tenía el derecho de ordenar que una acción cualquiera fuera reembolsada, y le correspondía asimismo el derecho de retracto sobre toda acción que saliera a la venta.

Impedido así el asalto a las acciones que pudiera dar lugar a un cambio repentino de propiedad, y conservada la continuidad del espíritu por la naturaleza social de la Junta de Gobierno, faltaba la garantía definitiva que era el derecho otorgado al obispo de la diócesis y a los ciudadanos que están bajo su tutela para una intervención decisiva en caso necesario.

Dado el carácter doctrinal del periódico era un elemento fundamental garantizar la continuidad de la línea editorial. Para controlar la orientación del periódico y mantener el espíritu fundacional se establecieron dos tipos de medios. El control interno lo realizaba la Junta de Fundadores, también llamada Junta de Gobierno y el externo los metropolitanos y el obispo de la diócesis.

La Editorial Católica, en efecto, para garantizar la ortodoxia de sus publicaciones, reconocía a los súbditos de la Iglesia española y al obispo de Madrid el derecho inalienable de intervención y consulta en las tareas siguientes: definir cualquier tipo de cuestiones que pudieran plantearse en detrimento de la ortodoxia y previo a separar al director o a cualquiera de los redactores; suspender cualquier publicación diaria de la empresa por un plazo de dos meses; y poder adquirir la propiedad de la misma al precio que se fijara en tasa pericial.

Así se aspiraba a mantener la fidelidad absoluta de la empresa a la idea fundamental que dio vida a *El Debate*. La novedad importante la constituía la creación de una Junta encargada de velar por la orientación de las publicaciones, que estaba aparte del Consejo de Administración e incluso por encima de él.

De esta manera también, se hacía posible una redacción, depositaria de la confianza de la empresa y del público, para llevar adelante, con independencia completa y como mejor lo entendiera, el criterio que, en cada caso y problema, respondiera mejor a la defensa de la ideología del diario.

El crecimiento del periódico fue paulatino. En 1911, tiraba 4.500 ejemplares, unos 30.000 al año siguiente, y más de 40.000 en 1918. Por lo que se refiere al apoyo económico también fue creciendo el capital social, que aumentó a un millón de pesetas en 1916 y a seis millones en 1921, cuando se entró en una fase de expansión en la que se pretendía extender la iniciativa fuera de Madrid[30].

La Editorial Católica, respondiendo al criterio social-cristiano que la informó desde el principio se procuró unos organismos de conciliación interna en la empresa para respetar el pensamiento de quienes en ella trabajaban.

En 1921, Ángel Herrera empezó a dar vueltas en su mente el proyecto que acabaría dando vida a un Consejo Editorial. Este Consejo Editorial fue una de las instituciones más fecundas y originales aportadas por Ángel Herrera a la prensa española. Herrera concebía el periódico como institución social y quería, ante todo, un espíritu que no podía estar sujeto a la mutabilidad de aquellos que lo hacían y que había de ser transmitido como herencia sagrada. Además del propósito de infundir tal espíritu al periódico que dirigía, Ángel Herrera vivía con el convencimiento práctico de que no sería posible gobernar un diario moderno, si la mente del director no se sustraía a las preocupaciones secun-

---

30 SÁNCHEZ ARANDA, J. J. y BARRERA DEL BARRIO, C. (1992). *Historia del Periodismo español*. EUNSA, Pamplona, p. 265.

darias y no recibía consejo para las múltiples decisiones importantes que diariamente había que afrontar.

En una ocasión mostró el proyecto que había concebido a R. Lee, redactor en aquel momento de *The Globe* y profesor de la Universidad de Nueva York. Al leer aquellas páginas se cuenta que comentó a la gente que con él estaba: «El autor de estas notas sabe lo que es dirigir un periódico». A partir de 1924, tras largas gestiones y tras haber confrontado la idea con otros profesionales, se encontró definitivamente decidido a llevar el proyecto adelante. Se articularon entonces las instituciones necesarias para la mayor eficacia de su funcionamiento. Un año después quedó consolidada una novedosa institución, en el ámbito de la prensa nacional, que fue el Consejo de Redacción o Consejo Editorial de *El Debate* y que adoptaría desde entonces su forma definitiva. En 1932 se incorporaría como órgano permanente en los estatutos de la Editorial Católica.

Antes de 1925 el director del diario, dotado de amplias facultades, solía ya solicitar el consejo de algunas personas o consultar previamente con quienes consideraba oportuno por su prestigio moral o por su consideración social, los asuntos que le planteaban alguna duda por tratarse precisamente de un periódico defensor de una determinada ideología. Pero en último término, la decisión final sobre los contenidos de la publicación y su consiguiente responsabilidad le estaba reservada a él en exclusiva.

El Consejo Editorial como institución fue adquiriendo su forma definitiva en sucesivas etapas y de acuerdo con las exigencias de cada época. Lo que primero fueron sólo reuniones esporádicas para casos especiales en los que no se veía muy clara la orientación que se debía dar a las noticias, acabó por adquirir un carácter estable y habitual de consulta. Pasó a ser un organismo con dependencia, en su composición, del director. Y quedó convertido en una organización constitucional con facultades propias en el periódico y en la empresa.

En el reglamento interno de la misma se consignaban tres comisiones de trabajo: una de redacción, otra de administración y otra de talleres. Junto a la comisión de trabajo de redacción, desde 1925 actuó el Consejo Editorial de *El Debate*. Se reunía diariamente y estaba integrado por las personas que ocupaban los cargos de autoridad y los especialistas en cada sección del periódico, esto es, por el director, el subdirector o redactor-jefe, el Jefe de Información, y los editorialistas de política interior, economía, enseñanza, agricultura, política exterior, cuestiones sociales y literatura y polémica. El primer Consejo de Redacción, que a su vez fue el primero en la historia de la prensa española estuvo constituido por:

Director .... Ángel Herrera Oria
Subdirector .... José de Medina Togores
Jefe de Información .... Francisco de Luis y Díaz
Economía .... José Larraz
Enseñanza............................ Luis Ortiz Muñoz
Agricultura .... Fernando Martín Sánchez-Juliá
Política exterior.................... Rafael de Luis y Díaz
Cuestiones sociales .... Alberto Martín Artajo
Literatura y polémica .... **Nicolás González Ruiz**

Cada miembro era ponente, dentro del Consejo, de los asuntos relacionados con su especialidad que exponía por riguroso orden de antigüedad. Una vez seleccionados todos los asuntos, se examinaban los temas del día para fijar la orientación con que había que tratarlos. En caso de discrepancia prevalecía la opinión del director que era a quien correspondía la responsabilidad entera del periódico.

Las atribuciones del Consejo fueron:

1. Señalar la orientación religiosa, social y política de todas las publicaciones de la empresa.
2. Proponer los nuevos redactores-consejeros.

3. Determinar los editoriales que debían publicarse y el sentido de los mismos.

4. Ser consultado para el nombramiento de los jefes de redacción, de los encargados de secciones especiales y de los corresponsales a sueldo fijo de España y del extranjero.

5. Alterar de forma sensible la confección, el formato, y todos los asuntos de alguna trascendencia en las materias que competan al director.

El director tenía derecho a veto y nunca la opinión del Consejo prevalecía sobre la suya. Era el agente de enlace entre la empresa y la redacción y llevaba la representación del periódico.

Durante algún tiempo perteneció a este Consejo Editorial José Mª Gil Robles. En una entrevista de 1928, decía Ángel Herrera que la redacción de *El Debate* estaba organizada de una manera «un poco especial». Lo especial consistía, según lo describe, en una gran racionalización para lo que se acostumbraba por entonces en la mayor parte de los diarios españoles, y una gran coherencia en la línea editorial. Más que racionalización y coherencia, era rígida disciplina lo que imperaba en el periódico. Según el propio Herrera era aquella «una de las redacciones donde el espíritu de disciplina era más recio y el respeto a los jefes más profundo», lo que hacía «verdaderamente fácil el mando y suave la obediencia»[31].

Se reunían todos los días a las seis de la tarde con gran puntualidad exigida por Ángel Herrera. Y así se hizo incluso en los días 10 y 11 de mayo de 1931, recién estrenada la República, en que, por las circunstancias políticas que atravesaba España (la famosa quema de conventos), las autoridades impidieron que saliera a la luz el periódico. *El Debate* fue de nuevo cerrado por la autoridad desde el 19 de enero de 1932 hasta el 26 de marzo de aquel mismo año. El hecho se produjo a raíz del decreto de expulsión de la Compañía de Jesús. En plena suspensión y sin

---

31 SEOANE, M. C. y SÁIZ, M. D. (1996). *Historia del periodismo en España*. T. 3: *El siglo xx 1898-1936*. Alianza Editorial, Madrid, p. 340.

perspectiva alguna de que fuera a ser levantada, la redacción en pleno hizo pública el 19 de febrero la siguiente nota:

Hoy hace un mes que *El Debate* no se publica. Redactores de este periódico todos los firmantes, no podemos dejar que pase esta fecha sin recordarla públicamente. Hace un mes que *El Debate* no se publica. Nosotros, quienes a las órdenes del director lo redactábamos día por día, protestamos sin alboroto y sin literatura, pero con cuanta firmeza cabe en unos hombres dignos que sufren las consecuencias de una pena injusta y arbitraria.

Apresurémonos a decir que esas consecuencias no son de orden económico, porque la generosidad de nuestra empresa, que, a pesar de las pérdidas que sufre, paga íntegra su sueldo a todo el personal, lo ha impedido. ¿Pero somos nosotros nada más que un conjunto de plumas honradas al servicio de quien las pague para fines honrados y que, por tanto, nos basta esa paga para sentirnos satisfechos? No; los que trabajamos en *El Debate* hacemos más: laboramos por el ideal que más caro es a nuestro espíritu.

Salvada la modestia o la insignificancia personal de cada uno, formamos entre todos un cuerpo de Redacción que vive principalmente por el alma que alienta en él. La atmósfera propia de ese espíritu es la diaria comunicación con un núcleo extensísimo de suscriptores y lectores, de los cuales recibimos en estos días el apoyo de una eficaz adhesión. Y como hombres dignos que, en uso de nuestra libertad y de nuestro derecho, mantenemos ese contacto espiritual con el público, sin salirnos de la esfera de la ley, al par que proclamamos nuestra identificación con el periódico, pedimos que cese la suspensión de nuestras actividades[32].

---

32 La nota llevaba las siguientes firmas, ordenadas aquí alfabéticamente: Joaquín Arrarás, Manuel Boada, Santos B. Bollar, Antonio Botella, Emilio Carrascosa, Tomás Cerro Corrochano, Ángel Crespo, Alberto Ferrer, Mariano Gálvez, Vicente Gállego, Juan Gandullo, Jesús García Gil, Pedro Gómez Aparicio, Nicolás González Ruiz, Manuel Graña, Acisclo Karag, Francisco de Luis y Díaz, Rafael de Luis y Díaz, José de Medina Togores, Felipe Olivares, Javier Olóndriz, Luis Ortiz Muñoz, Gregorio Puente, José María Sánchez de Muniáin, Juan Miguel Seminario, Agustín Solache, Mariano Tejero, José Antonio Torrente, Luis Torrente, Luis Turina y Fernando de Urquijo.

Y nuevamente volvió a ser suspendido el periódico, durante 58 días, con motivo de la sublevación del general Sanjurjo el 10 de agosto de 1932.

Fueron consejos importantes por la trascendencia que implicaba el tiempo histórico en que se celebraron el del 13 de abril de 1923: proclamación de la República y en el que se adoptó la decisión de considerar las elecciones celebradas en España como unos comicios municipales y no como un plebiscito; el del 15 de abril de 1931, recomendando la adhesión de los católicos a la nueva República (este Consejo empezó a las 11 de la mañana y acabó a las 10 de la noche); y el del 27 de marzo de 1935 por la crisis provocada en el Gobierno tras el indulto de González Peña, diputado por Asturias condenado a muerte tras la huelga general de 1931 de cuya represión se siguieron dos ejecuciones (el consejo se inició un jueves y el editorial se publicó un sábado).

En conjunto el Consejo de Redacción o Editorial era la garantía y la custodia de una dirección independiente. Corresponde al único intento realizado en España de consolidar algo similar a las Sociedades de Redactores en Europa. Si bien había nacido «por las necesidades estrictas de un momento político determinado y exigido por la renovación que se exigía a la prensa del siglo XIX, momento en el que se ponía al descubierto la antítesis entre la España real y oficial, entre un catolicismo profundamente inserto en la conciencia colectiva de un pueblo y un poder obstinado en imponerle unas leyes sectarias»[33], según recogía el periódico en una de sus últimas fechas de aparición.

La actividad del Consejo Editorial podría quedar resumida y recogida en estas dos notas: dirección que dirige y no ejecuta, y libertad de espíritu. Junto con el tiempo para el estudio, sus miembros tuvieron como norma el ejemplo y la consideración humana, e intentaban conciliar la disciplina con el aliento y el estímulo.

---

33   *El Debate* (05/07/1936).

La grandes aportaciones de *El Debate* a la prensa católica confesional española podrían sintetizarse de la siguiente manera: adopción de la nueva fórmula de periodismo de empresa, conforme al modelo que estaba implantándose en España en los últimos años; impulso del componente propiamente informativo, especialmente a partir de 1924, año de trascendencia para el diario; y mantenimiento de la necesaria independencia política lo que le permitió atraer a católicos de muy variada tendencia y conseguir una movilización sin precedentes en este sentido.

La última y definitiva suspensión se produjo, como ya se ha mencionado, el 29 de marzo de 1939. La hoja que con el entrañable título de *El Debate* apareció el 28 de marzo fue preparada por Nicolás González Ruiz, Mariano Gálvez y algún miembro de la redacción, y talleres del periódico, entre los primeros Ernesto Laorden. Llegó a estar listo otro número para el día 29, en el que figuraba un reportaje de Florencio Álvarez Peratoner y Luis Mira Izquierdo, alumnos de la Escuela de Periodismo de *El Debate*, pero antes de que llegara a salir se comunicó la suspensión. Nicolás González Ruiz como redactor jefe, cuando llegó la notificación de suspensión por el gobierno de Franco –venía de parte de Serrano Súñer desde Burgos– solicitó que la orden se le pasara por escrito. Fue enviado un oficio que se remitió a Francisco Herrera Oria, hermano del director, quien había asumido en la llamada zona nacional la titularidad de la empresa. Cuando años después pudo haber vuelto a salir, no se consideró oportuno.

2. AÑOS DEL *YA*

Otra etapa importante de la trayectoria personal de Nicolás González Ruiz la centramos en el madrileño diario *Ya*. El diario vespertino *Ya* había nacido el 14 de enero de 1935 como continuador del matutino *El Debate*, lo que se infería del hecho de aparecer con las iniciales «S. e.» en su cabecera, correspondientes a la abreviatura de «Segunda época». Aunque nacía claramente destinado a la información en su primer artículo de fondo definía los rasgos característicos de su línea editorial.

> *Ya* nace en un momento en que España está sacudida por los temporales iracundos de la política. No se espere que contribuyamos a atizar esta hoguera. Nacemos desligados de todo compromiso político. Ambicionamos despreocupar los cerebros españoles de esa abrumadora congestión política que padecen. *Ya* es periódico hecho con el pensamiento puesto en España. Tenemos confianza en los destinos superiores de la Península española, en la civilización hispánica, por la reflexión objetiva y fría y por la congoja y el brío de sentirnos auténticos españoles, acorralados durante dos centurias y capaces ya de enormes empresas, amplias y universales.

Una vez terminada la Guerra Civil, en marzo de 1939, el *Ya*, bajo la dirección entonces de Juan José Pradera, pasó a ser diario de la mañana en sustitución de *El Debate*, que, desde Burgos, había sido suspendido gubernativamente por decisión del ministro del interior, Ramón Serrano Súñer.

Largos años permaneció Nicolás González Ruiz en el Consejo de Redacción de este vespertino que pronto pasaría a ser matutino y a conquistar uno de los primeros puestos entre la prensa española. En él volvió Nicolás González Ruiz a su trabajo característico por el que era conocido en los tiempos de *El Debate* como especialista en todo lo demás. Aún trabajaba en el *Ya* cuando le llegó la muerte el 27 de diciembre de 1967, y se dio la circunstancia de que pocos días antes se publicó en *La Actualidad Tabaquera* un artículo en el que, según se dijo después, «describió su propia muerte». Fue una coincidencia por tratarse de un artículo, que precedió en pocas fechas su propio fallecimiento, en el que hacía referencia a la muerte de su propio hijo ocurrida algunos años antes.

Así culminaba su vocación periodística consagrado profesionalmente al ejercicio de la misma, mientras alternaba su dedicación a la escuela y a la literatura.

3. LA LABOR DOCENTE

En ese apartado cabe considerar la actuación de Nicolás González Ruiz en el ámbito docente, ya que estuvo presente en los primeros pasos que se dieron en España para organizar e institucionalizar la enseñanza del periodismo. Por haber entregado toda su vida a la actividad periodística, entendía la necesidad de transmitir a otras generaciones la enseñanza de esta materia con un carácter de seriedad y una solidez de los que carecían. Hubo que buscar la manera de impartir estudios que fueran de utilidad a los nuevos profesionales y les ayudaran a mejorar la calidad de su trabajo.

La primera Escuela de Periodismo nació por la iniciativa de Ángel Herrera en 1925. Se fundó el 10 de marzo de aquel año bajo la dirección de Manuel Graña, después de un viaje hecho a Estados Unidos, enviado por Ángel Herrera para recoger experiencias sobre las enseñanzas en ese país. Funcionó por primera vez con una modesta clase de Redacción (un curso de tanteo en la primavera de 1926). En octubre de aquel mismo año ya dio comienzo un curso normal con tres profesores: Francisco de Luis, que tuvo a su cargo la asignatura llamada Reporterismo; Nicolás González Ruiz, como profesor de Redacción literaria y periodística; y Pedro Sánchez Céspedes, al frente de la Criteriología. A esta primera promoción pertenecieron, por ejemplo, los periodistas: Enrique de Angulo, Agustín Solache y Pedro Gómez Aparicio.

El fin de esta primera Escuela de Periodismo tenía un triple objetivo: formación moral y ética, preparación para la defensa de la Iglesia y completo conocimiento de la técnica periodística. *El Debate* veía en esta escuela un modo de formar mejores periodistas «que hagan mejores periódicos y que sirvan mejor a la Iglesia y a su Patria». *El Debate* al fundar una Escuela de Periodismo había querido «constituir la cantera que produzca los mejores periodistas, porque si éstos son católicos, los periódicos católicos serán los mejor hechos y, por tanto, los que reúnan mejor prestigio»[34].

---

34   *El Debate* (05/07/1936).

Se establecieron dos tipos de cursos: unos para gente ya formada, procedente de la Universidad o con la enseñanza secundaria terminada y con una edad superior a los 20 años, y otros para muchachos de edad inferior. Los primeros son los que dieron comienzo en 1926 y los cursos normales para menores se iniciaron en 1932. Se desarrollaron en esta Escuela cuatro cursos, pues hubo de interrumpir su actividad con el comienzo de la guerra en 1936.

En 1932, el primer plan de estudios lo formaron dos grandes secciones: una compuesta por cinco cursos normales y otra por un solo curso intensivo. Desde el principio estuvo presente la disciplina de una normativa severa para inculcar en los alumnos la puntualidad en el cumplimiento de todas las obligaciones y la diligencia en todos los trabajos que se les encargaran.

Al frente de la Escuela estaba un director nombrado por el Consejo de Administración de la Editorial Católica, que gozaba de autonomía para el desempeño de su cargo. Para su asesoramiento existía una Comisión permanente, compuesta por un número de miembros que no llegan a seis y que el propio director de la Escuela designaba cada año académico. Se formó además una Junta de profesores para los cursos normales y otra del curso intensivo, que completaban los órganos de gobierno de esta primera Escuela. En 1935, estaban consolidadas las materias según el siguiente plan de estudios:

PLAN DE ESTUDIOS ORDINARIO

PRIMER CURSO
Criteriología (Estudio de *El Criterio* de Balmes
e iniciación en Filosofía)
Gramática castellana
Francés
Mecanografía
Tipografía

SEGUNDO CURSO
Apologética
Redacción
Francés
Mecanografía
Taquigrafía
Tipografía

TERCER CURSO
Cultura religiosa
Redacción periodística, noticias y arte de titular
Inglés
Taquigrafía
Tipografía

CUARTO CURSO
Ética
Reportajes
Confección
Administración periodística
Inglés

QUINTO CURSO
Teología social
Editoriales y normas de dirección
Reportajes
Corresponsales
Inglés

CURSO INTENSIVO
(Para alumnos con una iniciación de
estudios universitarios o conocimientos equivalentes)

ASIGNATURAS GENERALES
Apologética
Reporterismo

Gramática y composición castellana
Redacción periodística, arte de titular y confección
Tipografía

ASIGNATURAS ESPECIALES
Editoriales y normas de dirección
Encíclicas
Política extranjera
Política agraria
Economía
Teatro y crítica teatral
Administración y publicidad

La Escuela de *El Debate* marcó en la historia del periodismo de España una hora de profunda evolución[35]. Fue el primer paso dado en nuestro país para una enseñanza seria y académica de la especialidad y precursora de la Escuela de Periodismo de la Iglesia[36]. En 1928 se había vuelto a plantear la cuestión de la creación de una escuela oficial. En el proyecto de reforma universitaria presentado a la Asamblea Nacional de la Dictadura se encomendaba a la Facultad de Filosofía y Letras la elaboración de un plan para crear en el plazo de un año una escuela de periodistas que, como la intención de crear una Dirección General de Prensa, tropezó con la oposición casi unánime de los periódicos, que veían en ello un propósito de control por parte del Gobierno[37]. *El Debate* se mostraba, naturalmente, a favor, aunque admitía que era absurdo pensar que los títulos otorgados por las escuelas fueran indispensables para el ejercicio de la profesión.

En la Escuela de *El Debate*, Nicolás González Ruiz trabajó de manera eficiente, según recuerdan alumnos de aquella etapa.

---

35 AZNAR, M. (25/10/1968). *Ya.*

36 *Diario de Las Palmas* (23/08/1968).

37 SEOANE, M. C. y SÁIZ, M. D. (1996). *Historia del periodismo en España.* T. 3: *El siglo xx: 1898-1936.* Alianza Editorial, Madrid, p. 50.

Creó un ambiente especial entre profesores y alumnos, contacto hasta entonces inusitado en los centros docentes. Pertenecen a aquellas primeras promociones: Luis Berlanga, Mercedes Gordán, Rafael González, Antonio Pérez, Alejo García..., con los que él había creado una especie de comunidad[38].

Todos recuerdan como notas típicamente suyas la precisión gramatical, el estilo anecdótico y la preocupación por la selección del profesorado. No quería teóricos en sus filas. Y, ciertamente, tanto como al profesorado, exigía a sus alumnos. Ha quedado en la memoria histórica de generaciones de alumnos por sus ademanes para grabar con fuerza el uso erróneo del gerundio. Representaba, por ejemplo, la frase «entró sentándose», lo que ponía en escena avanzando en cuclillas con su gran corpachón (D. Nicolás era un hombre corpulento), desde la puerta hasta la mesa del profesor[39]. En el mes de diciembre de un curso académico normal podían marcharse los que no daban la talla. El nivel de exigencia era muy alto[40].

Parte de su trabajo consistió en la elaboración del primer manual propiamente periodístico para facilitar a los alumnos los conocimientos sobre su asignatura. Se trataba del primer libro que se ponía en circulación para los estudios, ya algo sistemáticos, de periodismo. Con el título *Normas Generales de Redacción*[41] recopiló los apuntes que él mismo venía explicando y que le servirían posteriormente para incluir un capítulo en la *Enciclopedia del Periodismo*. Años antes había elaborado, para uso exclusivo de la Escuela, el Programa de Redacción que serviría de guión para sus clases mientras no existió otro más completo.

---

38 Testimonio personal de Alejandro Fernández Pombo (01/07/1977).

39 El recuerdo corresponde a Vicente Gállego, pero también su familia refiere numerosas correcciones a las que fue sometida. En cierta ocasión una hija suya, con la que coincidió en el ascensor al llegar a casa, le comentó «casi me muero en el cine de calor», a lo que su padre respondió con su típica sorna «¡Ah! No sabía que hubiera en Madrid un cine de calor».

40 Testimonio personal de Vicente Gállego (02/07/1977).

41 GONZÁLEZ RUIZ, N. (1940). *Normas Generales de Redacción*. Ed. Magisterio Español, Madrid.

Por encargo de la Escuela Diplomática y para el Ministerio de Asuntos Exteriores, redactó un *Cursillo práctico de Lengua Española*, que puede considerarse un primer paso en la redacción de textos para la asignatura que venía impartiendo y que contribuyó a aumentar el interés por el desarrollo de las enseñanzas del periodismo. Constituyó por otra parte una nueva aportación para la Escuela.

La Ley de Prensa de 1938 (en realidad un decreto-ley) promulgada en plena Guerra Civil preveía ya en su artículo 16 una regulación definitiva de «la organización académica del Periodismo». En 1940 una Orden del Ministerio de Gobernación, de 24 de agosto, estableció unos cursillos para periodistas «como único procedimiento que para lo sucesivo se reconoce de ingreso en el Registro Oficial de Periodistas». El primero se desarrolló entre octubre de 1940 y junio de 1941. El 17 de noviembre de 1941 se creó, por orden de la Vicesecretaría de Educación Popular, la Escuela Oficial de Periodismo, dependiente de la Secretaría General del Movimiento, en aquellos momentos el ministerio más político del Gobierno, y comenzó su primer curso el 2 de enero de 1942. Fueron admitidos veinte alumnos, la mitad de los cuales estaban becados por instituciones periodísticas para facilitar el acceso a la profesión. En aquel primer curso se presentaron 231 solicitudes para el acceso a esta Escuela lo que demuestra el interés creciente que suscitaban los estudios de periodismo en España.

Al quedar vinculada la Escuela a la Delegación Nacional de Prensa, que dependía de la Vicesecretaría de Educación Popular, se la apartó del Ministerio de Educación, en un principio, aunque pasó a depender de él más adelante. En aquellos años, se pensó en adscribirla como sección a la recién creada Facultad de Ciencias Políticas y Económicas, a diferencia de la Orden Ministerial de 8 de agosto de 1940 que admitía la posibilidad de adscribir estos estudios a la Facultad de Filosofía y Letras. Desde 1951, la Escuela Oficial de Periodismo pasó a depender del recién creado, entonces, Ministerio de Información y Turismo, como un organismo autónomo de la Dirección General de Prensa.

Una de las mayores aportaciones a la Escuela y a las enseñanzas de periodismo en general realizada por Nicolás González Ruiz fue la elaboración del primer manual compendio de los conocimientos profesionales necesarios para los nuevos periodistas. Con el título *El Periodismo, teoría y práctica*, publicó por primera vez en 1953 el primer texto de este género que se utilizó en nuestro país[42]. El mismo autor indicaba en él que era un medio para «la formación del verdadero profesional, desterrando para siempre del periódico la figura del improvisador, del fracasado en otras profesiones, o del que toma el periódico como escalón». Este primer volumen fue el germen de una posterior *Enciclopedia Española del Periodismo* cuya dirección y coordinación se encargó a Nicolás González Ruiz quien recabó la participación de un amplio número de profesionales prestigiosos entre los que figuraron directores de periódicos de Madrid y Barcelona, jefes de empresas periodísticas, colaboradores señalados de la prensa nacional, etc.

La obra presentaba un triple interés como libro de texto para las futuras generaciones de periodistas, como punto de referencia para los profesionales en ejercicio activo de la profesión y como obra de referencia para la investigación, preparada con ilusión por Nicolás González Ruiz que asimismo aludía a ella como «obra de interés general porque el periodismo se halla metido en las entrañas mismas de la sociedad de hoy y sus actividades, caracteres y problemas no son indiferentes a la gente».

Entre 1951 y 1970 la enseñanza de profesionales de la información se desarrolló extraordinariamente en España. Se fueron renovando los planes de estudios de la Escuela Oficial que durante esos años contó con una sección en Barcelona; se fundaron escuelas para la capacitación técnica y profesional en las diversas especialidades informativas: cine, radio y TV, publicidad y turismo. Por otra parte, surgieron iniciativas privadas y de la Iglesia católica: el Instituto de Periodismo de la Universidad de Navarra

---

42 GONZÁLEZ RUIZ, N. (1953). *El Periodismo, teoría y práctica*. Ed. Noguer, Barcelona.

que, por primera vez en España, estableció los estudios de periodismo a nivel universitario (1958), y la Escuela de Periodismo de la Iglesia (1960), dependiente esta última de la jerarquía eclesiástica. Además de estos centros, estatales o reconocidos por el Estado se pusieron en marcha las Escuelas de Periodismo de la Iglesia de Barcelona y Madrid; la Universidad de La Laguna abrió una sección de periodismo dependiente de la Escuela Oficial de Madrid, y en 1969 volvería a abrirse en Barcelona su antigua Escuela Oficial.

En 1961, después de cerca de cuarenta años de dedicación profesional al periodismo y casi treinta entregado a la formación de nuevos periodistas, la Comisión Episcopal de Prensa e Información nombró primer director de la Escuela de Periodismo de la Iglesia a Nicolás González Ruiz.

La Escuela de Periodismo de la Iglesia, con sede en el Instituto social de León XIII, dio comienzo al curso académico 1961-1962 con una lección inaugural a cargo de su director y que tenía por título «El estilo periodístico». En ella se refirió a la formación de profesionales en los siguientes términos:

Estamos seguros de poseer, al poder dirigirnos al público desde el periódico, un instrumento de poderosa eficacia para influir en la opinión. El periódico es el intérprete de la opinión pública, siendo esta necesaria para el buen funcionamiento de la colectividad y por otra parte hay que convenir que la buena marcha de un país demanda que ciertas instituciones fundamentales se hallen al amparo de la ley y no puedan ser sometidas a pública discusión. Es preciso considerar como transitorio por naturaleza el régimen de previa censura, siendo por tanto preciso ir a la ordenación de la misión específica de la prensa, regulando una justa libertad en ella aneja siempre a una lógica responsabilidad por parte del director del periódico y sus redactores. Sólo así se conseguirá que la sociedad y los gobiernos puedan gozar del beneficio de una crítica solvente. El periodismo es la Historia de cada día[43].

---

43 *Informaciones* (19/10/1950).

Una faceta que es imposible ignorar al abordar la figura de Nicolás González Ruiz es su desbordante capacidad de trabajo. La obra de Nicolás González Ruiz abarca un vasto campo de las letras españolas. Más de una vez se ha destacado que su actividad se había hecho extensiva a todas las ramas de la literatura: prosa, ensayos, narraciones, artículos, biografías, teatro, crítica..., excepto, tal vez, la poesía[44]. Ya hemos visto cuál era su opinión sobre la misma y cómo estuvo también presente en su tarea literaria en momentos señalados de su historia personal[45].

Nicolás González Ruiz fue un trabajador inagotable. Su muerte fue ocasión para que numerosas plumas ilustres, entendidas y compañeras le dedicaran elogios. Se escribieron innumerables artículos y en casi todos se hacía referencia a su increíble facilidad periodística; a su perfecto, jugoso castellano, a su eterno buen humor, a su agilidad mental y al dominio de su oficio. Y de todo ello ha quedado una prueba que, a veces, no se puede plasmar en volúmenes, pero de la que todavía hoy guardan recuerdo varias generaciones de periodistas.

Esta faceta quedó resellada con el reconocimiento que supuso que le fuera concedida, en 1966, la Medalla del Trabajo, que recibió con agradecimiento, pese a lo poco amigo que era de distinciones y de la que dijo, con su habitual buen humor, que la aceptaba «porque me la merecía».

---

44 *Punta Europa* (marzo 1959).
45 Ver Capítulo 1.

1. LA OBRA NO IMPRESA: CONFERENCIAS Y CHARLAS RADIOFÓNICAS

La faceta de conferenciante de Nicolás González Ruiz es una de las más atractivas, pese a que la tarea de recopilación es prácticamente imposible debido al momento histórico en que le correspondió vivir. Y era una de las más atractivas precisamente porque su figura corpulenta, su buen humor y su simpatía atraían a un gran público que le conocía ya por su labor literaria.

El éxito residió quizás en que las conferencias estaban previamente escritas por el autor. No era un orador, propiamente dicho. Era más bien un estudioso, y un trabajador de un tema concreto que dejaba totalmente escrito y después leía con entonación, dotes escénicas y buena pronunciación. Durante algunos años de las décadas de 1940 y 1950 pronunció numerosas conferencias en distintos puntos de España. Con el buen humor al que ya se ha hecho referencia, a eso él le llamaba «torear en provincias» y casi era precisa una plaza de toros para escucharle, pues el éxito que alcanzaron sus charlas hizo en alguna ocasión difícil encontrar un local suficiente para atender la demanda del público. En una ocasión incluso llegó a habilitarse un frontón.

Algunas de sus conferencias principales, cuyo título da ya una idea sobre su contenido la mayoría de las veces, fueron:

- «Familia y moralidad».
- «Balmes periodista».
- «Novelas gordas y novelas flacas».
- «La responsabilidad católica de nuestra prensa».
- «Los problemas familiares de la clase media».
- «La novela española contemporánea».
- «La paz del hogar».
- «Acento lírico y vigor dramático en Gertrudis Gómez de Avellaneda».
- «El estilo periodístico».

Con facilidad Nicolás González Ruiz adaptaba sus mismos artículos, preparados para la prensa, para una charla por la radio. Hoy quedan testimonios de su incesante quehacer en artículos cuidadosamente recogidos y conservados por él, en los que realizaba a veces una pequeña anotación o imponía un giro para que aquello pudiera ser mejor escuchado que leído. Bastaba una llamada en el margen o un final diferente para que el mismo artículo sirviera para sus participaciones en el medio radio, que también desde los primeros años fueron muchas y muy abundantes.

2. LA OBRA PUBLICADA: ARTÍCULOS Y LIBROS

Antes de analizar la producción, tanto literaria como periodística, que nos ha quedado de este autor cabe destacar que expresa además de un profundo amor al trabajo una clara vocación de escritor. Esta producción lo primero que evidencia, junto con su dedicación a la profesión periodística, es una fuerte inclinación a la literatura.

En este sentido puede decirse que toda su vida estuvo impregnada del amor a la literatura. Y además escribía con facilidad y claridad conseguidas por el entrenamiento de largos años de ejercicio que le dotaron de un estilo propio. Todos sus escritos están redactados con prosa clara y cuidada, pero de lenguaje cotidiano. Esta peculiaridad suya revela tal vez una mente clara y dice mucho también de trabajo diario, de pulir y repulir las palabras. A fin de cuentas fueron 40 largos años de dedicación intensiva a la actividad que más le gustaba: la de escribir.

Resulta más fácil de apreciar este rasgo en sus escritos periodísticos (que requieren consideración aparte), pero también es fácil hallarlo en el resto de sus publicaciones. En el mencionado prólogo a la obra selecta destacó Marañón otra cualidad de sus escritos:

La agilidad con que llega al alma popular en frases extraídas de su mismo hablar, ya que, en literatura sólo perdura lo que se construyó en la mansa vida cotidiana, y lo que se expuso con el habla de los que no son, ni quieren ser, servidores del momento, sino de la perennidad[46].

La claridad de toda su producción es probablemente consecuencia de una larga e inagotable lectura de los clásicos. La huella de esta lectura aparece en su producción de manera natural y expresiva. Él recomendaba con frecuencia a sus alumnos esta lectura para mejorar la expresión y aprovechar la riqueza y la capacidad expresiva del castellano.

Quizás donde mejor puede apreciarse esta huella de los clásicos es en lo que pudiera llamarse su «obra maestra» –seguramente lo es– englobada bajo el significativo título de *Vidas paralelas* en las que establece comparaciones entre personajes que sólo un profundo conocimiento, a través del espacio y del tiempo, puede encontrar relacionados.

De manera habitual se dedicó, con más ilusión que tiempo, a la tarea de divulgación de obras de literatura e historia, que quedaron recogidas en forma de ensayos. En esta labor Nicolás González Ruiz había trabajado mucho, por su cuenta y por el placer de escribir. En estos escritos, redactados de manera sencilla y clara, presenta estudios asequibles a cualquier público con abundante documentación.

Sin embargo, se puede decir que Nicolás González Ruiz no seguía prácticamente técnica ninguna. Era tradicional en él una manera de trabajar asistemática, que alcanzaba también a su actividad docente según el testimonio de sus alumnos. Él mismo lo reconocía con sencillez. En cierta ocasión, con motivo de la presentación de una de sus obras comentó, casi a título de justificación:

Dios me ha castigado por un momento de debilidad, en el que abdiqué de mis arraigadas convicciones anticientíficas. Si con mi habitual alegría y confianza en mí mismo me hubiera lanzado a escribir confia-

---

46 MARAÑÓN, G., Prólogo a la *Obra Selecta* de Nicolás González Ruiz. Cit., III.

do sólo en mi memoria, creo que no habría más que omisiones deliberadas. Pero me entregué a las fichas, armé mi aparato científico y ha resultado lo que era de esperar: algunas omisiones que nunca hubiera querido cometer[47].

Cuando se le preguntaba sobre el tiempo que dedicaba a escribir solía contestar con buen humor que «el que le sobraba». Había empezado a escribir en sus años de juventud y –según su propia afirmación– acabó por sucumbir al «vicio de la literatura». Tal vez por ello entabló amistad, y la cultivó durante los años transcurridos en Liverpool, con Allison Peers. De aquellos días dejó escrita esta ilustrativa referencia sobre el contenido de sus jornadas: «intensas jornadas de estudio, largas conversaciones –casi siempre sobre algún tema literario– y tardes enteras dedicadas a escribir».

Encontré que algunos autores establecían una comparación entre la producción literaria de este escritor y las figuras de Pedro Salinas y José Mª Pemán. Los tres tuvieron una dedicación pluriforme y fueron autores de narraciones, ensayos, artículos, biografías, crítica... Encontré también una mención a un trabajo de Azorín publicado en 1928 en el que refería las cualidades de escritor y de prosista de Nicolás González Ruiz.

Para conocer mejor la obra publicada de este autor procederemos a presentarla agrupada en torno a la doble vertiente de su actividad de escritor, la de los artículos periodísticos y la de autor literario.

ARTÍCULOS PERIODÍSTICOS

La producción de artículos surgidos de su pluma y de su imaginación es imposible de recopilar por completo, aunque sólo sea por el hecho de que fueron más de uno diario durante un período de más de cuarenta años, lo que arroja una cifra de muchos miles. Podría, sin embargo, establecerse una clasificación aproximada, de la siguiente manera, aunque evidentemente resulta muy limitada:

---

47 GONZÁLEZ RUIZ, N. (06/05/1943). «Autocrítica» en *Madrid*.

1. Artículos costumbristas: «La risa indispensable», «De más quilates que el oro», «Encuesta sobre la propiedad del domicilio», «La puntualidad profunda», «Los disgustos», «La semana de tres domingos», «No se acaba», «Urgente», «Familia numerosa», «Meridiano de Madrid».

2. Artículos publicístico-literarios: «Un estado de juguete», «Miss Universo se queda en casa», «El matrimonio más feliz», «Algo excepcional», «Velocidad y precisión», «El Abanico», «Letra pequeña y letra grande», «Ilusión desvanecida», «El abominable hombre de las nieves», «Nuevas luchadoras», «El divino calvo», «Ciencia y experiencia».

3. Con relación a temas médicos: «Música de catarros», «No sabemos respirar», «Cerebros faltos de peso», «Música para locos», «Obesidad», «Los viejos».

4. Con una referencia moral: «Meditemos señora», «La técnica de perder el tiempo», «El valor de la sonrisa», «Ventajas del orden», «Independencia relativa», «Tregua de Navidad», «Crueldad mental», «Sobre la elección de estado de las hijas».

5. Algunos artículos que alcanzaron especial resonancia: «Tres periodistas de la Revolución Francesa», «Deleitar y tener caridad», «Definición de Don Juan» (publicado en la *Revista de las luces* de Bogotá), «El *Wishfull Thinking* y su consecuencia literaria», «El 98 en la literatura» (por el que obtuvo el premio Luca de Tena 1948)[48].

Dos referencias pueden servir para cerrar este apartado. Se trata de la opinión de dos escritores relacionados también con el mundo del periodismo: Manuel Fernández Almagro, miembro de la Real Academia de la Lengua Española y Pedro Gómez Aparicio. Ambas resumen este aspecto brevemente reseñado de la producción periodística de Nicolás González Ruiz. El primero escribió:

---

48 Todos recogidos en la *Obra Selecta*, Vol. 5.

En los trabajos típicamente periodísticos de Nicolás González Ruiz se acreditan dotes, aparte la claridad de expresión antes aludida, que indudablemente aprovechan al biógrafo, al novelista y al autor dramático. Por lo pronto una extraordinaria facilidad para captar las realidades de todo orden y reelaborarlas en función de un punto de vista personal[49].

El segundo comentó: «Nicolás González Ruiz era la pluma más fecunda, más rápida y más fácil de aquel momento. Era un ingenio sorprendente porque no disponía apenas de tiempo»[50].

Desde sus primeras colaboraciones en *El Debate* hasta sus últimos trabajos aparecidos en el *Ya*, al final de su vida, contribuyó a perfilar un nuevo estilo de periodismo. En esta etapa de fuerte evolución de la prensa española tuvo durante largos años un papel de peso como crítico teatral y literario del diario *Ya*. Su trabajo constituye hoy una aportación para el estudio teórico de los géneros periodísticos.

PRODUCCIÓN LITERARIA

En cuanto a su faceta de escritor disponemos de una producción abundante, de más 50 obras. Tal cifra de títulos constituye una clara manifestación de su pasión por la literatura. Una clasificación cronológica no basta para apreciar la calidad del conjunto, ya que quedan difuminadas las cualidades literarias de la obra.

Tampoco es fácil elaborar una ordenación por temas, porque el resultado suele ser bastante más artificial que lo que el autor ha pretendido hacer. No obstante, puede establecerse, aunque sea a grandes rasgos, la siguiente clasificación de la obra de Nicolás González Ruiz:

1. Biografía, que se podría considerar como la parte más importante de su obra y su aportación más valiosa a las letras españolas.

---

49 FERNÁNDEZ ALMAGRO, M. (15/06/1958). «Crítica y Glosa». *ABC*.
50 GÓMEZ APARICIO, P. (02/06/1977). *Ya*.

2. Traducciones, a las que Nicolás González Ruiz dedicó una considerable dedicación y en las que consiguió perfeccionar notablemente la técnica de elaboración.

3. Semblanzas.

4. Narraciones y ensayos.

5. Otros trabajos que muestran una prolífica actividad y como tales no se pueden clasificar[51].

Veamos más atentamente cada una de ellas. En cuanto a la primera de estas clasificaciones se puede decir que Nicolás González Ruiz practicó abundantemente el género biográfico y casi siempre utilizando la comparación. La principal aportación en este género son las ya mencionadas *Vidas paralelas* que primero se publicaron cada una por separado, y posteriormente en un conjunto unitario.

Todas tienen en común el estilo y la técnica de realización. El autor documenta sus comentarios en datos históricos concretos recogidos con laborioso esfuerzo, pero sin detenerse después excesivamente en pormenores científicos. Apoyado en la anécdota y con estilo ameno, narra en cada caso una historia ni exclusivamente biográfica ni exclusivamente novelada. Él mismo aludía a su propia técnica en estos términos:

> Soy partidario de no falsear jamás la Historia, pero esto no quiere decir que el escritor realice una labor fría, sin alma... Yo quiero la investigación erudita sobre la persona a biografiar e inmediatamente guardar en silencio el acervo de fichas para realizar la obra del literato[52].

La técnica utilizada resultó una novedad en su momento de aparición. Procedía siempre del mismo modo: comenzaba por relacionar dos personajes que hubieran vivido situaciones similares en distintos momentos de la historia. De ordinario la presentación de los

---

51 Ver la relación de obras publicadas que se incluye en la Parte II de este trabajo.

52 GONZÁLEZ RUIZ, N. (05/10/1944). «Buenas noches». En suplemento de *Pueblo*.

personajes se realiza en los dos primeros capítulos. A continuación, las escenas se van desarrollando en capítulos alternos en los que destacan los paralelismos que se produjeron en ambas vidas con las reacciones de los protagonistas, en ocasiones completamente divergentes. Ello le permitía extraer conclusiones acerca de sus caracteres y personalidades. Esta técnica de romper el hilo conductor por medio de saltos de espacio y tiempo, muy empleada posteriormente, resultaba en aquel momento innovadora y revolucionaria.

Con motivo de la publicación de una de estas biografías comparadas escribía Maximiano García Venero:

> Tiene el biógrafo una sensibilidad muy contemporánea de escritor que se halla de vuelta en lo que toca a la ciega reverencia y acatamiento a los hitos y personajes. Nicolás González Ruiz es un mediterráneo de gran sentido, que señorea los géneros literarios. Su personalidad de hombre catalán no se menciona vanamente aquí. Los catalanes han sabido darle a la interpretación de personajes un garbo extraordinario[53].

El conjunto de estas obras guarda una cierta semejanza con la obra de Plutarco. Como él, buscó figuras que estuvieran emparejadas por algún rasgo, y contribuyó de esta manera a la divulgación de algunos momentos decisivos de la historia. Destacan entre ellas dos mujeres bajo la leyenda del veneno: Catalina de Médicis y Lucrecia Borgia; dos reinas decapitadas: Mª Antonieta y María Estuardo; dos favoritos: Potemkyn y Godoy; dos cardenales que gobernaron: Cisneros y Richelieu.

A título de ejemplo puede resultar ilustrativa la presentación de este último libro en el que se compara la situación de España a mediados del siglo xv con la de Francia a finales del xvi: dos períodos en los que el poder real está socavado por las banderías de la nobleza. Se escribió:

---

53 GARCÍA VENERO, M. (18/02/1944). *Ya*. García Venero había sido director de *La Voz de Galicia* en 1937, cargo para el que fue nombrado el 17 de julio de aquel año. Cfr. ROMÁN-GARCÍA (1996). *La Voz de Galicia, apuntes históricos*. Ed. Goya-Estela, Madrid, p. 90.

En el espacio de poco más de un siglo dos cardenales llevaban a cabo el robustecimiento definitivo del Estado que en sus manos tuvieron... Cisneros era un fraile castellano ascético, sabio, impetuoso. Richelieu era un hidalgo francés enfermizo, listo y prudente[54].

También sobre *Churchill y Hitler, dos árbitros del destino europeo* se escribió en el momento de su aparición «constituye un claro capítulo de la Historia contemporánea más vivo que ningún otro por enfrentarles en un paralelismo que no tiene aún perspectiva histórica»[55].

En segundo lugar, en relación a su actividad como traductor se puede destacar que la sola enumeración de las traducciones realizadas a lo largo de su vida constituye una expresiva muestra de su capacidad de trabajo. Fundamentalmente realizó esta labor en los años en que se dedicaba a traducir por encargo para el Teatro Español. Unas veces por encargo, otras por propia iniciativa su labor consistió principalmente en hacerse con un conocimiento de cada autor y de su obra y adecuarlo al lenguaje para el público al que iba destinado. Lo veremos más detenidamente al tratar su faceta de autor teatral (Vid. 3.3.). Su trabajo como traductor y adaptador de obras de teatro se estudia hoy en congresos y universidades.

Asimismo, como se cita en tercer lugar, fue autor de algunas semblanzas entre las que destacan como las más representativos: *La Caramba* y *Axel de Fersen*. La primera de ellas subtitulada «Vida alegre y muerte ejemplar de una tonadillera del siglo XVIII» relata la popularidad de Mª Antonia Fernández Vallejo («La Caramba»). Este libro, publicado en 1944, resultó un documento para el estudio sobre el teatro de la época, la tonadilla, la zarzuela, los bailes españoles, etc. De manera que más que una semblanza de la persona esboza todo un cuadro de la época.

---

54 *ABC* (20/03/1945).

55 *Dígame* (20/03/1945).

El mismo González Ruiz manifestó al respecto:

Más que la biografía de una actriz cuya fisonomía no se divisa hoy por completo, mi libro es un reflejo de la vida del teatro en que vivió «La Caramba» y la vida del teatro, usted lo comprende, puede a su vez pasar por reflejo de una vida social, es decir la del Madrid de Carlos III[56].

El segundo libro constituye una aportación al conocimiento biográfico de Mª Antonieta y su relación con el conde de Fersen que pretendió –infructuosamente– evitar la tragedia de la guillotina. Sobre la documentación de este libro ameno y veraz se escribió para presentarlo: «(...) es la realización de un intento de historiar con dignidad crítica y con belleza»[57].

Todas las semblanzas trazadas por Nicolás González Ruiz llevan este mismo cuño de amenidad y de abundante documentación. Quizás a este respecto sirva como ejemplo la dedicada a José Antonio en la que recogió más de 100 textos del fundador de la Falange[58].

En cualquier caso, donde mejor se percibe la figura y la personalidad de Nicolás González Ruiz es en sus narraciones y ensayos. Y de entre ellos en tres obras que lo presentan en su dimensión más entrañable: la transcripción de unos cuentos y dos novelas casi autobiográficas que él consideraba como lo mejor de su producción.

La primera es una obra escrita para introducir en el conocimiento de nuestros clásicos a los niños y se titula *Cuentos del pasado glorioso*. El contenido de esta pequeña recopilación recoge y adapta los textos de: *El príncipe constante, La vida es sueño* y *El mágico prodigioso* de Calderón de la Barca; *El halcón Federico, La Estrella de Sevilla* y *El remedio en la desdicha* de Lope de Vega;

---

56 GONZÁLEZ RUIZ, N. (24/03/1945). *Fotos*.

57 VÁZQUEZ DODERO, J. L. (23/03/1945). *Informaciones*.

58 Conviene tener en cuenta el momento histórico en que este libro se publica para comprender el sentido del mismo sin error.

El cerco de Numancia, El retablo de las maravillas y *El trato de Argel* de Miguel de Cervantes; *El condenado por desconfiado* y *La prudencia en la mujer* de Tirso de Molina; *Las mocedades del Cid* de Guillén de Castro; *La verdad sospechosa* de Ruiz de Alarcón; *Reinar después de morir* de Vélez de Guevara; y *El esclavo del demonio* de Mira de Amescua.

En cuanto a las dos novelas casi autobiográficas de Nicolás González Ruiz, que reflejan también con fuerza el carácter de su autor, están ambas marcadas por su característico buen humor. En ellas presenta situaciones de su propia existencia familiar noveladas desde una óptica jovial y bonachona, en cualquier caso siempre optimista.

Sin embargo, *El polígamo inocente* y *El regreso de las sombras* son dos novelas dispares. La primera es un relato de humor del más característico de sus estilos. La segunda, superior en calidad, aborda las características de su tiempo tal y como se proyectan en un hombre determinado, su propio autor. Es una novela autobiográfica de narración introspectiva, que conserva el estilo claro y ameno de su prosa. Se trata también de una novela de costumbres con tipos muy bien dibujados. Desde el punto de vista de la técnica novelística, emplea un doble proceso de elaboración: en la primera mitad domina claramente la narración, en la segunda el diálogo. Son contados los rasgos descriptivos, pero detalladas siempre las características de los personajes, episodios y ambientes, y permanecen como elementos comunes a toda la obra la aguda observación, el sentido del humor, y la vida española.

A propósito de esta segunda obra se escribió para presentarla:

La figura del protagonista se revela sobre un paisaje nacional o extranjero, en determinados episodios bajo la presión de humanas preocupaciones: del amor y de la muerte, al hilo del natural anecdotismo cotidiano, juegos, estudios, perplejidades, viajes, lecturas, devaneos, tentaciones, crisis de conciencia, peripecias variadas[59].

---

59 FERNÁNDEZ ALMAGRO, M. (13/02/1955). «Crítica y glosa». *ABC*.

Además de las mencionadas, cabe citar también dos obras de diferente contenido: *La literatura española del siglo xx* y *Seglares en la historia del catolicismo español*. En *La literatura española del siglo xx*, Nicolás González Ruiz reunió los hechos literarios más importantes desde el 98. Consta de una primera introducción con unas ideas generales sobre el 98 y referencias a algunos de sus representantes más destacados: Zorrilla, Núñez de Arce, Ganivet, Menéndez Pelayo (con el que había trabajado en el Consejo Superior de Investigaciones Científicas antes de marchar a Liverpool), Benavente (cuyos contactos en el teatro fueron muy fructíferos), Baroja, Azorín, Maeztu, Unamuno y Valle Inclán. En la primera parte del libro describe la trayectoria literaria seguida desde estos a través de Pérez de Ayala, Blasco Ibáñez, Ricardo León y Miró. Y en la última parte aborda el estudio de los que en realidad fueron sus coetáneos: Muñoz Seca, Pemán...

En *Seglares en la historia del catolicismo español* recogió en 190 páginas una historia sobre lo que significó la ACNdP para la Iglesia y para España en el curso de cincuenta años. Narra:

> la historia de un momento crucial de principios de siglo cuando la conciencia social y política se había resquebrajado, cuando la prensa católica era casi nula, cuando el ser católico consistía en estar bautizado y en llamar a toda prisa a un cura a la hora de morir, cuando las reservas espirituales de un país se tenían como algo inservible, y cuando hablar de doctrina social católica era un lenguaje que entendían contadísimas personas a las que se llamaba encubiertos auxiliares del capitalismo[60].

Y no se puede cerrar este apartado dedicado a la producción literaria sin mencionar, aunque sea de pasada una faceta poco conocida. Nicolás González Ruiz era un gran aficionado a las novelas policíacas por su conocimiento del género y por su condición de lector empedernido. Llegó a poseer una de las mejores y más completas bibliotecas privadas de novelas policíacas. Por

---

60 MARTÍN, I. (diciembre de 1968). *Ya.*

ello no podía faltar entre sus ensayos uno dedicado al estudio de este género que tuvo por título «Filosofía y pedagogía de lo policíaco. Estudio del género» y que se publicó en la revista *El Español* en 1943. Hoy es un clásico de la especialidad, citado y estudiado por los aficionados.

3. AUTOR TEATRAL Y OBRA INÉDITA

Por la importancia que tiene dentro del total de la producción de González Ruiz, es preciso dedicar un apartado específico a su papel de autor teatral. Como ya hemos apuntado hubo unos años en la vida de D. Nicolás en los que estuvo estrechamente vinculado con el mundo del teatro. Entre 1940 y 1949 trabajó como asesor literario del Teatro Español y ocupó incluso el cargo de director del mismo. Posteriormente siguió relacionado con el teatro aun después de cesar su relación laboral en él, como estudioso y como crítico, desde el diario *Ya*. Durante una larga temporada fue presidente de la Asociación de Críticos de Madrid, tal como era la crítica entonces. En 1959, fue el único representante de España en el Congreso Internacional de Teatro celebrado en Finlandia[61].

Una vez introducido en el mundo del teatro su vinculación con el mismo le llevó a escribir versiones, adaptaciones o traducciones de las obras que se llevaban o se podían llevar a escena. En ocasiones porque era el encargado de seleccionarlas y en ocasiones por encargo del director del Teatro, el hecho es que existe igualmente una abundante producción en este terreno. Entre ellas cabe citar las siguientes:

OBRAS QUE SE PUSIERON EN ESCENA
1. Versiones y adaptaciones
   • *Macbeth*. Estrenada en el Teatro Español el 11 de febrero de 1942.

---

61 Aparece una fotografía suya en el diario *Uusi Suomi* de aquellos días.

- *María Estuardo*. Estrenada en el Teatro Español el 23 de diciembre de 1942.
- *Romeo y Julieta*. Estrenada en el Teatro Español el 9 de diciembre de 1943.
- *Otelo*. Estrenada en el Teatro Español el 16 de diciembre de 1944.
- *El sueño de una noche de verano*. Estrenada en el Teatro Español el 7 de diciembre de 1945. Fue la primera vez que esta obra se llevó al teatro en España.
- *Ricardo III*. Estrenada en el Teatro Español el 13 de diciembre de 1946.
- *El mercader de Venecia*. Estrenada en el Teatro Español el 6 de diciembre de 1947.

Algunas de estas versiones recorrieron con gran éxito Hispanoamérica en la gira que realizó en aquellos años por diversos países la compañía Lope de Vega bajo la dirección de José Tamayo.

2. Versiones:
- *El pleito matrimonial del alma y el cuerpo*, de Calderón. Estrenada en el Teatro Español el 31 de marzo de 1955.
- *Fuenteovejuna*, de Lope de Vega. Estrenada en el Teatro Español el 30 de abril de 1962.
- *Medea*. Versión que preparó para el teatro de cámara de Madrid.

3. Obras originales:
- *Tríptico de la pasión*. Estrenada en el Teatro Español el 13 de abril de 1943. Es una glosa evangélica en dos jornadas y quince cuadros. Se repuso algunos años por tratarse de una obra de temporada.
- *El precio de la victoria*. Estrenada en el Teatro Príncipe de San Sebastián en 1944 por Lola Membrives.
- *Sueño de Navidad*. Estrenada por la compañía Lope de Rueda el 21 de diciembre de 1944.

- *Si las mujeres juzgasen* (Monólogo). Estrenada en el Teatro Español e interpretada por Mercedes Prendes. Pocas cuartillas de cualquiera de los géneros que cultivó Nicolás González Ruiz descubren mejor su sentido del humor, de la escena, y de su humanidad y conocimiento de la psicología femenina.

OBRAS INÉDITAS

Nicolás González Ruiz dejó escritas además las siguientes obras ya terminadas y listas para llevar a escena, que no llegaron a presentarse por razones de tiempo.

1. Adaptaciones:
   - *El burlador de Sevilla* de Tirso de Molina.
   - *Juana de Arco* de Schiller.
   - *El barbero de Sevilla* de Beaumarchais.
   - *Simplón el pirata.*

2. Versiones:
   - *Hamlet.*
   - *Antonio y Cleopatra.*
   - *La tragedia del rey Lear.*

3. Obras originales:
   - *Los pasos perdidos.*
   - *El fracaso de Pigmalión.*
   - *El hada Bibiana.*
   - *Los ángeles del hogar.*
   - *La espada de fuego.*

Además de estas obras reseñadas, que se recogen como una muestra más de su polifacética dedicación al trabajo, González Ruiz realizó con éxito incursiones en el teatro infantil. Así con el seudónimo «Máximo Conde» escribió *Los corsarios de Trapisonda*, comedia lírica en tres actos, que puso en escena la compañía Lope de Rueda en Madrid el 18 de abril de 1945.

Pasada su larga temporada en el Teatro Español no quiso volver a intentar nada más como autor de teatro, lo que explicaba con buen humor al decir que: «no podía volver al escenario con comedias después de haberlo hecho tantas veces de la mano de William Shakespeare». Sin embargo, escribió mucho sobre teatro de otros autores, como buen conocedor y crítico. En *Cuaderno de Literatura* se publicó, por ejemplo, un ensayo suyo sobre Pemán, de quien era amigo personal, que llevó por título «El teatro de José María Pemán».

PARTE II

OBRAS PUBLICADAS DE
NICOLÁS GONZÁLEZ RUIZ

OBRAS PUBLICADAS DE NICOLÁS GONZÁLEZ RUIZ

1. *En esta hora.*
   (Ojeada a los valores literarios). 1925. (Serie de artículos, bajo el mismo título, publicada en *El Debate* en torno a 25 figuras literarias españolas de la época).
2. *El enigma del Támesis.*
   Novela policiaca apócrifa. (En la colección «La novela hispano-americana», nº 9). 1927.
3. *Un verano en Santander.*
   (Libro para el aprendizaje de español). Londres, Nueva York, Toronto. 1929.
4. *La trayectoria de una revolución.*
   (Seis hombres: una carrera hacia la muerte). Editorial Razón y Fe, 1931.
5. *Azaña.*
   (Sus ideas religiosas, sus ideas políticas. El hombre). Gráficas Universal. 1932.
6. *Antología de la Literatura periodística española.*
   Escuela de Periodismo de *El Debate*. 1934.
7. *Lope de Vega* (**Biografía espiritual**).
   Biblioteca Pax. 1935. (Este libro lleva impresa la siguiente dedicatoria: «A mi hija Aurora. Cuando seas mayor, hija mía, pregúntale a tu madre por qué te he dedicado este libro»).
8. *Normas Generales de Redacción.*
   Editorial Magisterio Español, 1940.

9. *Juan Pablo Forner.*
   (Antología, selección y estudio preliminar). Editorial Fe. 1940.
10. *José Antonio.*
   (Se trata de un libro muy de circunstancias, dada la fecha, el momento, la editorial, la situación política, etc.). Editorial Redención. 1940.
11. *El Polígamo inocente.*
   Publicada en la serie «La novela del sábado». 1940.

Vidas Paralelas.
(Entre los años 1940-1950 la editorial Cervantes publicó con este título una serie de biografías comparadas):

12. *Churchill-Hitler.*
   Dos árbitros de los destinos de Europa.
13. *Cisneros-Richelieu.*
   Dos cardenales que gobernaron.
14. *Dick Turpin-Luis Candelas.*
   Dos bandoleros.
15. *Velázquez-Rubens.*
   Dos pintores geniales.
16. *Catalina de Médicis-Lucrecia Borgia.*
   Dos mujeres bajo la leyenda del veneno.
17. *Potemkin-Godoy.*
   Dos favoritos.
18. *San Ignacio-Lutero.*
   Dos hombres: el santo y el hereje.
19. *Sara Bernhardt-María Guerrero.*
   Dos actrices.
20. *Talleyrand-Meternich.*
   Dos diplomáticos.
21. *Teresa Cabarrús-Emperatriz Josefina.*
   Dos mujeres afortunadas en medio del terror.
22. *Blanca de Castilla-María de Molina.*
   Dos madres que salvaron el trono de sus hijos.

23. *Ana Bolena-Catalina Howard.*
    Dos mujeres de Barba Azul.
24. *Laura-Beatriz.*
    Dos musas.
25. *Napoleón-Alejandro I.*
    Dos emperadores.
26. *Washigton-Bolívar.*
    Dos libertadores.
27. *Iván el terrible-Rasputín.*
    Principio y fin de un imperio.
28. *Mao Tse-Kruschev.*
    Los hermanos enemigos.
29. *Hernán Cortés- Pizarro.*
    Dos conquistadores.
30. *Robespierre-Lenin.*
    Dos revolucionarios.
31. *Juan Sebastián Bach-Luis Van Beethoven.*
    Dos músicos geniales.
32. *María Antonieta-María Estuardo.*
    Dos reinas decapitadas.
33. *Isabel de España-Isabel de Inglaterra.*
    Dos reinas: la católica y la protestante.
34. *Eisenhower-Stalin.*
    Dos símbolos de nuestro tiempo.
35. *Axel de Fersen.*
    Biografía. 1942. Este libro fue reeditado varias veces, inclu-
    so después de la muerte de su autor, en este último caso por
    Prensa Española, editora de *ABC* y *Blanco y Negro*.
36. *El duque de Rivas o la fuerza del sino.*
    Ensayo. Editorial Aspal. 1943.
37. *La Literatura Española.*
    (En la colección «La cultura en el siglo xx»). Ediciones Pegaso.
    1943.

38. *La Caramba.* Biografía.
    (Vida alegre y muerte ejemplar de una tonadillera del siglo XVIII). Ediciones Morata, colección Lyke. 1944.
39. *Cuentos del pasado glorioso.*
    Editorial Escuela Española. 1944. (Único libro dedicado a sus ocho hijos, a los que nombra en su dedicatoria «en el mismo nombre en que los nombro todos los días delante de Dios»).
40. *Santa Isabel de Hungría.*
    Biografía. 1944. (Dedicado a su hija Isabel).
41. *Hervás y Panduro.*
    (Causas de la Revolución Francesa. Selección y estudio preliminar). Ediciones F. 1944.
42. *Los jóvenes ante la vida.*
    Volumen recopilación de una serie de artículos publicados en la revista *Signo* con este título. 1945.
43. *Teatro Teológico español.*
    Selección, notas e introducción. Editorial B.A.C. Tomo I, Autos sacramentales; Tomo II, Comedias. 1946.
44. *Sánchez Toca.*
    Biografía. 1948.
45. *El periodismo. Teoría y Práctica.*
    Dirección, prólogo y capítulo de Redacción. Editorial Noguer. 1953. Y varias reediciones posteriores actualizadas.
46. *El regreso de las sombras.*
    Novela. Ediciones Grifon. 1954.
47. *Obras completas de Dante Alighieri.*
    Versión castellana. Editorial B.A.C. 1956.
48. *Obra Selecta.*
    (Prólogo de Gregorio Marañón). Una selección de biografías, novelas, obras de teatro, artículos ya publicados y ordenados en un solo volumen. Este trabajo se realizó para preparar su posible entrada en la Real Academia, proyecto que luego no se realizó). Editorial Labor. 1957.

49. *Genio y figura del Padre Pulgar.*
    Biografía. 1960.
50. *Juan de Ávila.*
    En colaboración con José Luis Gutiérrez. Editorial B.A.C. 1961.
51. *Antología de piezas cortas de teatro.*
    Introducción y selección. En la colección de antologías de la Editorial Labor. 1965.
52. *Seglares en la historia del catolicismo español.*
    En colaboración con Isidoro Martín. Publicado después de su muerte. Raycar Ediciones. 1968.

RELACIÓN DE ARTÍCULOS PUBLICADOS EN *EL DEBATE* DESDE LIVERPOOL

1. «Los libros españoles en el extranjero».
   (29/09/1923)
2. «El nuevo régimen visto desde fuera».
   (17/10/1923)
3. «Arte y patriotismo».
   (31/10/1923)
4. «Las letras españolas en Inglaterra».
   (10/11/1923)
5. «El momento actual en la política inglesa».
   (23/11/1923)
6. «En torno a la situación actual».
   (20/12/1923)
7. «De literatura portuguesa».
   (23/12/1923)
8. «Educación religiosa: enseñanza católica».
   (10/01/1924)
9. «Nuestra literatura en el extranjero. Un libro importante sobre el duque de Rivas».
   (22/01/1924)
10. «De política inglesa. El obscuro (*sic.*) porvenir».
    (02/02/1924)
11. «Nuestra literatura en el extranjero.
    Una traducción de *La Celestina*».
    (14/02/1924)

12. «De política inglesa. Momentos difíciles».
    (23/02/1924)
13. «De política inglesa. Lecciones de la realidad».
    (07/03/1924)
14. «Nuestra literatura en el extranjero. El teatro clásico».
    (14/03/1924)
15. «Nuestra literatura en el extranjero. Antologías».
    (28/03/1924)
16. «El país de la cuarta dimensión».
    (04/04/1924)
17. «*Lecciones de buen amor* y otras lecciones».
    (12/04/1924)
18. «Un Viernes Santo en Londres».
    (17/04/1924)
19. «Cuentos de la vida española. Ventureta».
    (20/04/1924)
20. «De política inglesa. La actuación laborista y la crisis liberal».
    (03/05/1924)
21. «Nuestra literatura en el extranjero. En torno a una nueva edición de *La Estrella de Sevilla*».
    (09/05/1924)
22. «Cuentos de la vida española. Las bodas de Basilio el pobre».
    (11/05/1924)
23. «De política inglesa. Nuevo socialismo y viejos partidos».
    (17/05/1924)
24. «El Bernardo o Victoria de Roncesvalles. 1624-1924».
    (25/05/1924). Este artículo fue reproducido en el periódico *La Defensa*, de Manila el 24/07/1924.
25. «Cuentos de la vida española. La Ruiada».
    (27/05/1924)
26. «Figuras del Parlamento inglés. James Ramsey Mac Donald».
    (29/05/1924)
27. «De política inglesa. Más sobre la crisis del liberalismo».
    (06/06/1924)

28. «La influencia de Italia en la literatura española del siglo XVIII».
(08/06/1924)

29. «Figuras del Parlamento inglés. David Lloyd George».
(13/06/1924)

30. «De política inglesa. Antisocialismo».
(20/06/1924)

31. «Figuras del Parlamento inglés. Stanley Baldwin».
(21/06/1924)

32. «La vida extraordinaria de Vicente Espinel».
(03/07/1924)

33. «El idioma español».
(04/07/1924)

34. «Cuentos de la vida española. Malastripas».
(09/07/1924)

35. «Cuentos de la vida española. Lo que salió de la artesa».
Dedicado a su padre. (19/07/1924)

36. «De política inglesa. La prueba del socialismo».
(17/07/1924)

37. «Campaña antiespañola».
(22/07/1924)

38. «Figuras del Parlamento inglés. Winston Churchill».
(24/07/1924)

39. «El patriotismo en literatura».
(26/07/1924)

40. «Cuentos de la vida española. Historia de *Peixet*».
(31/07/1924)

41. «Con gafas ahumadas».
(03/08/1924)

42. «Cuentos de la vida española. Orígenes del "poema del escobón"».
(06/08/1924)

43. «Nuestra literatura en el extranjero. Una exposición de libros».
(08/08/1924)

44. «La escuela del patriotismo».
(12/08/1924)

45. «Cuentos de la vida española. La abuela».
   (15/08/1924)
46. «De política inglesa. El tratado con Rusia».
   (17/08/1924)
47. «De política inglesa. La crisis industrial».
   (22/08/1924)
48. «Cuentos de la vida española. Aventuras de mi pipa».
   (26/08/1924)

PARTE III

ANTOLOGÍA DE ARTÍCULOS PUBLICADOS EN *EL DEBATE* (1923-1936)

LOS LIBROS ESPAÑOLES EN EL EXTRANJERO

He leído, con el interés que pongo siempre en estas cuestiones, un artículo publicado en *El Debate* por el señor Vallejos, doliéndose de la escasa difusión de nuestra literatura en el extranjero. He estudiado de cerca el asunto en Francia y en Inglaterra, y creo que pueden ser útiles mis observaciones.

Es verdad que se nos traduce poco y que lo que se traduce no es siempre lo mejor de lo que producimos. Hablaba el señor Vallejos del caso Blasco Ibáñez, uno de los más dignos de estudio. Blasco Ibáñez es, después de Cervantes, el autor español de todos los tiempos que más fama tiene fuera de España. No hace mucho, en una importante reunión, se refería el rector de una gran universidad inglesa a cosas de España, hablaba por galantería, porque yo estaba presente. Y sus palabras, que recuerdo casi textualmente, fueron: «España, bello país, que cuenta con una gran literatura, en la que se destacan nombres tan eminentes como los de Cervantes y Blasco Ibáñez». Así, Cervantes y Blasco Ibáñez. Oír esto hace un efecto semejante al que en algunas comedias se produce cuando un personaje dice que va a hacer un viaje, recorriendo Londres y Torrelodones.

Blasco Ibáñez ha adquirido nombre en el mundo por aquella segunda mitad de su producción que, empezando en los medianos *Cuatro jinetes*, termina, por ahora, en verdaderas mamarrachadas como *La reina Calafia* (y no voy a entretenerme en explicar juicios ni adjetivos, que estampo sólo cuando son de «indudable» aplicación al caso, para todo el que haya saludado la literatura). Toda persona con idea fundamental de lo que es el arte literario ha dejado de leer a Blasco Ibáñez.

Pero sigue siendo digna de ser leída la primera parte de su producción, aquella que tiene a Valencia por escenario, y esta, en cambio, va siendo introducida en el mercado de una manera lenta, a la sombra de la parte inconsistente de la que hemos hablado. Este año vi en Londres, con el extraño título de *El Torrente* (*The torrent*), una traducción de *Entre naranjos*, que es una novela mediocre de la primera época de Blasco Ibáñez y que por eso se vende en mayor escala que otras mucho mejores.

Tengo que ser breve, que el espacio que se me concede a hidalga amabilidad lo debo, y quizá por eso parezca demasiado absoluto en mis juicios; pero estoy seguro de que todos los que sepan algo de literatura se hallarán conformes conmigo y los demás me creerán bajo mi palabra, siquiera sea por el interés que pongo en el estudio de estas cuestiones, que constituyen la ocupación de toda mi vida. No hay, pues, que hablar de si desconozco o dejo de desconocer el mérito de Blasco Ibáñez: eso ya está dicho. Blasco Ibáñez ha engañado a los yanquis, pero a nosotros no. Y ha engañado al vulgo literario de otros países, no a los inteligentes. No ha mucho leí sendos artículos en *The Times* y *The Observer*, que eran terminantes en esta cuestión: de una manera breve con motivo de *El préstamo de la difunta* (*The Times*) y de la traducción de que ya he hablado (*The Observer*) analizaban minuciosa y acertadamente la obra de nuestro autor y le colocaban en su sitio.

Dejando ya el caso Blasco Ibáñez, el panorama es tristísimo. (Del caso Palacio Valdés, nobilísima excepción, hablaré luego pues me propongo obtener de él consecuencias generales, que quizá puedan interesar). Se traducen cosas de escaso o de ningún valor, que no merecen que nos ocupemos de ellas. ¿Puede interesar a alguien que anden por ahí traducidas al francés «cosas» de Zamacois o de aquel pornográfico Alberto Insúa, que ahora se nos quiere mostrar como escritor serio, o que se vaya a traducir a *El caballero audaz*, por orden de Flammarion, que, por si no lo sabían ustedes, se les advierte que es «el editor más importante de París»? Pero dejemos este punto, no nos envuelva el ridículo de estas «cosas» al tratar de ellas: 150 páginas de sandeces y otras 150 procacidades componen lo que vulgarmente se llama una «novela de 300 páginas, palpitante de emoción y de interés». En «eso» no hay más «interés» que el que tiene un autor en ganarse unas pesetas, que le otorga el depravado cretinismo de una parte del público. ¡Qué rubor y qué tristeza!

Y ahora, sería abusar de los lectores y de la galantería de *El Debate* comenzar a hablar del caso Palacio Valdés y de algunos otros temas que me propongo tratar. Lo haré en otro artículo, contando con el favor de mis lectores.

29 de septiembre de 1923

ARTE Y PATRIOTISMO

Días atrás, deseando esparcir un poco el ánimo y huir de una llovizna persistente en que se bañaba esta vieja y activa ciudad de Liverpool, pensé refugiarme en un cinematógrafo. Recorrí primero con la vista los anuncios, fotografías, carteles llamativos y letreros luminosos que hay a la puerta de todos. No fue cosa difícil. El afán de orden de los ingleses agrupa todas las cosas de un mismo género, y así como hay en cada ciudad la calle de los cafés y de las tiendas de lujo y la de los grandes almacenes, hay también la de los cinematógrafos.

Recorrí, como digo, la calle en cuestión y, tras de pensarlo bien, me subí el cuello del impermeable y me marché a casa. El cinematógrafo aquí, lo mismo que allí y que allá, es un espectáculo raras veces recomendable: muchas veces se dan cita el arte y la moral para no acudir, y en esos casos, o en la mayoría de ellos, va el sentido común y también se queda fuera. El día a que me refiero, las cintas cursis, especialidad para señoritas sin novio y con ganas de él, las absurdidades a lo yanqui, un par de cintas policíacas, algunos dramas para hacer reír y algunas comedias para hacer llorar formaban los programas. Me resultó mucho mejor una butaca y un libro, junto a una de esas magníficas chimeneas que no faltan en ninguna casa inglesa.

Pero al día siguiente, como me hubiese ocupado en lamentar a solas el derroche que se hace del cinematógrafo como elemento desmoralizador, y el ahorro del mismo como instrumento de cultura, interpelé a un amigo, accionista de muchas grandes empresas cinematográficas, y hombre de influencia en ellas, por consiguiente:

— ¿Por qué razón –le dije– no abundan más las películas artísticas que traten un gran asunto histórico o social? Advirtiendo –añadí– que le pregunto eso muy en serio. Distingo, por lo tanto, entre la Historia y *Los tres mosqueteros*.

Sonrió y me dijo:

— Ni que le hubieran a usted soplado al oído lo que se proyecta por algunas grandes empresas.
— ¿Qué es ello? –pregunté interesado.
— Algo de gran importancia. Se trata de hacer una formidable serie de películas que reproduzcan todo lo más glorioso y lo más interesante de la Historia de Inglaterra, desde los primitivos tiempos. Excuso decirle qué riquísimo manantial, qué espléndida mina. Temas de intensidad dramática, de gran trascendencia, de gloriosa evocación, y, al mismo tiempo, cuadros animadísimos, escenas pintorescas, viejas costumbres, todo el pasado de un pueblo, en fin. Se piensa en eso muy seriamente, y aunque se comprenden las enormes dificultades, los grandes gastos, se espera obtener ayuda pecuniaria y moral del Gobierno, que no puede menos de comprender la gran labor de arte y patriotismo que se prepara, y cree un deber su cooperación en ella.

Me quedé deslumbrado. ¡Qué magna idea y qué grandiosa labor la que se disponen a emprender esos industriales ingleses! El pueblo no puede menos de recompensar con creces el esfuerzo, se verá a sí mismo vivo en todas las épocas, presenciará toda su gloria pretérita, asistirá, lleno de emoción, palpitando, a los hechos que con más orgullo le hacen levantar la cabeza al hablar de su nación.

Y pensé en mi adorada España, en España, la épica, que podría ofrecer los temas más extraordinarios para una labor así. ¡Qué maravillosos héroes de la pantalla! Don Pelayo, el Cid, Alfonso VIII, Fernando el Santo, Jaime I, Pedro III el Grande, Hernán Cortés, Gonzalo de Córdoba... ¡Y qué comparsas extraordinarias aquellos que fueron con Colón por el inmenso mar adelante, y aquellos que derribaron a los falsos ídolos indios y pusieron a Cristo en su lugar, conquistaron tierras sin fin para el imperio español y fundaron veinte naciones nobles, ricas, valerosas, cristianas, orgullo de la vieja madre España! Difícil detener mi pensamiento (que creo sea el mismo de todos los que me lean) por ese camino. ¡Cuánta gloria que evocar! ¡Qué riqueza de arte y qué potencialidad de vida! ¡Y qué necesidad de hacer llegar la conciencia de eso al pueblo todo para hacerle sentir el orgullo de ser español!

Brindo la idea a todos aquellos que puedan asociarse para llevarla quizás un día a vías de hecho. Ahí, en la cantera tradicional, hemos de encontrar, grandes y pequeños, tanta gloria, tanta vida, como ningún pueblo de la tierra puede ostentar. De ahí hemos de sacar todo lo que de nuevo ha de engrandecernos.

(...) El viento y la lluvia azotan las ventanas de este día negro. Y, luchando contra la naturaleza adversa, siento a mi alrededor a todo el pueblo inglés que se afana silencioso y ahincado. Y no hay inglés que al hacer algo deje de pensar en su patria. ¡Bien sabe Dios que pienso en ti con toda mi alma, España inmortal!

31 de octubre de 1923

EL PAÍS DE LA CUARTA DIMENSIÓN.
IMPRESIONES DE UN VIAJERO

Al pasar desde otros climas morales y políticos al nuestro, se experimenta siempre una desorientación absoluta y una íntima vacilación de los mejor establecidos principios. Parece que todas aquellas cosas que, en todas partes donde hay personas en uso de razón, parten de un principio determinado y llegan necesariamente a un fin, salen aquí de su cauce ordinario, en virtud de no sé qué arte misterioso, y presentan de pronto un aspecto inesperado. Es decir, viene uno tan seguro y tranquilo, después de haber visto las tres dimensiones de una cosa, estudiándolas detenidamente, y al llegar a esta bendita España el primer estadista de café, o de vagón del ferrocarril, pretende demostrarle que las tres dimensiones no tienen importancia, y le muestra una cuarta dimensión, diputándola importantísima y declarando que en ella está la clave de todo el misterio.

Porque el misterio es indispensable. Y también lo es el hombre que está enterado del misterio. Para él nada es lo que parece ser, y carecen de valor los datos más positivos. En cambio, merecen absoluto crédito los infundios, los delirios, todas las extrañas imaginaciones que muestran y explican la cuarta dimensión de las cosas. ¡Y cuánto daño para la Patria y, consecuentemente, para sí mismo origina ese español «clarividente»! Porque su clarividencia, su doble vista, sirve siempre para penetrar en el misterio de fantásticas cosas absurdas que denigren a España y depriman el espíritu del pueblo; nunca para valorar el oro oculto bajo la escoria, la patriótica verdad escondida tras la mentira tendenciosa.

Recientemente comprobé esto en la Inglaterra de las tres dimensiones, en el sólido país que estudia las cosas a lo largo, a lo ancho y a lo profundo, y no se deja alucinar. Hablé con españoles que viven allí sin aprender, desdeñando lo que no entienden y fantaseando tan prodigiosamente como los de aquí. Era en los días en que la campaña de falsedades, capitaneada por el *Daily Mail*, presentaba a nuestras tropas deshechas, a Melilla ardiendo y a España sumida en el desorden; muchos de mis compatriotas aceptaban esto como exacto, y añadían a ello la revelación de formidables secretos. «No compre usted pesetas –me decían–; llegarán a 50 por libra y quizá más. España se tambalea, la revolución va a estallar, el Directorio tiene los días contados». Lo peor de estas frases era la terrible buena fe con que eran pronunciadas por hombres honrados que no entendían de política, ni de finanzas, ni querían razonar y darse cuenta de lo inverosímil de las informaciones tendenciosas. Se negaban a la lógica, rechazaban todo dato concreto y exacto, todo detalle comprobado; no querían ver las tres dimensiones normales de las cosas y, en cambio, buscaban afanosamente el sentido oculto, la fantástica cuarta dimensión que todo se lo presentaba deforme y absurdo.

Pasados algunos días, cuando todo se aclaró, y en las propias columnas albergue de la noticia falsa apareció la verdadera, aquellos españoles tardaron en creerla, y cuando la dieron por buena oí de ella fantásticas y pintoresquísimas explicaciones que, por cómicas que pudiesen parecer, excuso el reproducirlas, porque a mí me parecen trágicas. No puedo contemplar sin profunda tristeza el espectáculo del ciudadano español, sin conciencia ciudadana, sin conciencia de lo que su patria es y tiene que ser por su grandiosa tradición y por su incomparable historia. Ya otra vez lo dije en estas mismas columnas, en las que tenazmente se lucha por despertar el espíritu ciudadano y el sentimiento patriótico: hay que convencer antes que a nadie a ese español receloso, pesimista e imaginativo; hay que demostrarle a lo que está obligado por llamarse español... Y si no lo convencemos, benditas sean las dictaduras que salven a ese español, a pesar suyo.

Al llegar a España viajé desde la frontera a Madrid con una media docena de extraordinarios estadistas. Yo estaba sinceramente admirado del desquiciamiento cerebral de aquellos hombres que, no atreviéndose, sin embargo, a negar lo innegable, luchaban fatigosamente para rebelarse contra el peso de la realidad indiscutible, con objeto de hallar la cuarta dimensión de las cosas, de verse cara a cara con el misterio, y darse el gustazo de penetrarlo con maravillosa agudeza y explicarlo rápidamente por medio de alguna hipótesis extraordinaria.

He apreciado de cerca el deplorable efecto que produce en el extranjero, cuando llega a conocerse allí el pensamiento, o mejor, la fantasía de estos hombres. En Inglaterra, por ejemplo, un tipo de esta clase resulta absolutamente incomprensible, y ocurre tomar de buena fe, en serio, lo que dicen los alborotadores inconscientes, pues allí no puede concebirse que haya quien inconscientemente, por charlatanería y por necia pretensión de darse por enterado, haga daño a su país, lo denigre ante el extranjero y no se haya dado cuenta aún de que hablar mal de la Patria es hacer una cosa tan cobarde y tan triste, como la del hombre que públicamente insulta a su madre...

No quiero dejarme arrastrar por consideraciones generales, ya que quiero venir a un punto concreto; al punto tan debatido de la dictadura, en general, y del Directorio, en particular. Este último ha sido la víctima de los que ven la cuarta dimensión y de otros que hacen como que la ven. Señalemos una y mil veces ese peligro; no huyamos de la realidad, recordemos los beneficios alcanzados, el buen fruto obtenido, y salgamos al paso de los inconscientes y los visionarios, en bien nuestro, de ellos y de todos.

4 de abril de 1924

EL IDIOMA ESPAÑOL.
DIFUSIÓN Y PROPAGANDA

Un reciente artículo de don Manuel Graña en estas mismas columnas, titulado «España y su idioma», me ha recordado episodios interesantes de las luchas por la propaganda de nuestra lengua, en que he intervenido desde mi llegada a Liverpool en 1921. Creo que ha de resultar provechoso decir algo acerca de ello, y aunque la idea de mi pequeñez quizá me decidiese al silencio, el llamamiento del señor Graña en su mentado artículo a «los que en España escriben en la lengua de Cervantes y de Santa Teresa», me hace sentir como un deber el relatar casos concretos, ricos en enseñanzas, y de los que puede deducirse algún método práctico a seguir en bien de la difusión de nuestra lengua.

Encontré funcionando aquí una Society of Spanish Studies, modestísimo círculo de interesados en estudios de lengua y literatura castellana, que sostenían una biblioteca y reunían dinero para pagarse el lujo de oír algunas conferencias en español. Fui recibido cordialísimamente entre ellos, y lo primero que me llamó la atención fue la pobreza de su biblioteca: apenas tenían un centenar de obras no bien escogidas, sino como el azar había ido proporcionándolas. Resultaba de esto una selección fantástica, en la que al lado de buenos y útiles libros figuraban otros cuya presencia allí era inexplicable. Inquirí los motivos de ello y me respondieron: «No hay libros españoles en las librerías de Liverpool. Apenas si hay alguno en las librerías de Londres. No encontramos revistas y periódicos. No sabemos de nadie que nos asesore. Hemos formado nuestra biblioteca con libros que tenían los socios en su casa y que habían comprado en sus viajes a España, generalmente en los puestos de las estaciones».

Lo más lamentable de esta explicación es que salía de bocas de personas interesadísimas en nuestras cosas, deseosas de aprender nuestra lengua, muchas de ellas personas de edad, ocupadas todo el día en ganarse la vida, y que dedicaban unas horas de velada a estudiar por sí mismos nuestro idioma. Naturalmente, comprendí en seguida que era un deber mío ayudar a aquellas gentes, y organicé algunas conferencias de propaganda, entre ellas una cuyo tema era «la producción del libro español». Anunciada esta conferencia, escribí a los editores más importantes de Madrid solicitando catálogos. Una exigua minoría me los envió; otros dos o tres me los enviaron tan tarde que no pude hacer nada con ellos, y la mayoría dio la callada por respuesta.

Todos estos hechos son tan elocuentes que se comentan solos. No me propongo, pues, más que ir exponiendo, y cada cual puede, si quiere, llevarse las manos a la cabeza, o hacer el gesto de desesperación que más le agrade: estoy refiriendo hechos ciertísimos y recientemente ocurridos. No cito a este ni a aquel, porque, ni estoy atacando a nadie particularmente, ni dando bombos: no me guía más que un patriotismo sincero y un profundo amor al rico idioma de nuestra España. Sigo, pues, con la edificante y substanciosa relación.

Uno de los editores que me envió catálogo me escribió al mismo tiempo diciéndome que le indicase el nombre de algún librero de Liverpool para entablar relaciones con él y realizar «importantes ventas». Aunque por el tono de la carta advertí que se me confundía con una especie de comisionista, y aunque el género de libros que cultivaba el editor no era de mi completo agrado, le contesté en seguida ofreciéndome a ayudarle y dándole la información que deseaba... Esas son las últimas noticias que se han tenido en Liverpool de dicho editor: ni mi información mereció las gracias, ni el librero que indiqué ha tenido noticias, que yo sepa.

Aunque escarmentado por el mediano éxito de la petición de catálogos, seguí con otra de ejemplares de propaganda, explicando claramente quién era yo y para lo que deseaba los libros. A esto no respondió nadie, y comprendí que debía echar las redes por otra parte, de no cejar en mi empeño de propaganda del español en Liverpool. Acudí entonces al Consulado, donde hallé en la persona del cónsul amable acogida y apoyo para intentar algo, si bien en el propio Consulado se carecía de medios: no había periódicos, no había revistas y una extremadamente irrisoria biblioteca, completamente inútil. Pero el apoyo de don Luis Ariño –este es el nombre del cónsul– resultó verdaderamente eficaz, y se expidió al Ministerio de Estado una petición de libros. Yo debía encargarme en un viaje que pensaba hacer a Madrid de gestionar la petición y obtener resultado favorable. No necesité hacer grandes esfuerzos: la Sección de Relaciones Culturales acogió con interés el asunto y, por fin, al cabo del tiempo (un año había transcurrido desde que pedí catálogos a los editores) un cajón repleto de libros –algo más de un centenar de ellos– llegó a Liverpool con destino a la Society of Spanish Studies, a la que fue entregado.

Esta es la historia de las aventuras ocurridas a un buen español, deseoso de propagar su idioma entre gentes, por otra parte, ávidas de aprenderlo y estudiarlo. Como decía muy bien don Manuel Graña: «Si esto es necesario en todas partes, ¿cuánto más no lo será en aquellos lugares donde el castellano está para sucumbir ante la invasión extranjera?».

4 de julio de 1924

CON GAFAS AHUMADAS.
MI AMIGO EL NOVELISTA

El cronista tiene unas gafas con cristales ahumados casi negros. A través de ellas se mira con dificultad, y el cronista, que es un mocentón, confunde las cosas lamentablemente. Con la mayor buena fe toma una cosa por otra, lo cual le ocasiona innumerables disgustos, pero no prescinde de sus gafas, porque ellas son la base de su buen humor y su felicidad. Con ellas puestas confunde las cosas, es cierto, pero se evita el ver muchas pequeñeces que le causarían dolorosa molestia. Además, el bonachón del cronista sospecha que sus confusiones lamentables y sus visiones absurdas pueden quizá ser provechosas. Por eso va a irlas relatando y describiendo. Perdonen ustedes si no lo hace a derechas: jamás abandona las gafas de cristales ahumados, casi negros.

***

Estaba yo escribiendo, pues este es vicio que me domina, cuando entró a deshora y en forma precipitada y extraña mi amigo el repartidor de la verdulería de enfrente. Les ruego que no se sorprendan porque yo tenga un amigo dependiente de una verdulería: aparte de que él es un buen muchacho y ya ha abandonado el bajo oficio que tenía en la época a que me refiero, yo soy un hombre previsor, y si un día el comunismo triunfa, y mi amigo el repartidor se queda con mi casa, y yo tengo que entrar de repartidor, me gustará que él me reciba y se digne hablarme. Hay que estar en todo.

Pero me voy del asunto que quiero tratar, que es precisamente cómo mi amigo el repartidor dejó de serlo. Entró, como digo, a deshora y precipitadamente, con los ojos llenos de lágrimas, la mirada perdida y la respiración anhelante.

—¿Qué te pasa? –inquirí.

—Me han despedido. Soy muy desgraciado. Voy a morir de hambre.

Y rompió a llorar a lágrima viva. Las abundantes aguas de sus ojos cayeron sobre el papel secante de mi carpeta, el cual absorbió en seguida la humedad, según vieja costumbre de esta clase de papeles.

—Vamos, mi pobre amigo; serénate y explícate. Límpiate los ojos, toma asiento, lía un pitillo y habla.

Mi amigo ejecutó todas estas cosas por riguroso orden, con humildad que me conmovió sobremanera, y habló así:

—El amo se ha enfadado conmigo y con mucha razón. Yo soy muy bruto.

—A ti te perderá ese noble afán de decir siempre la verdad de manera clara y rotunda.

—Cierto. Pero no tiene remedio. Es el caso que mi amo se ha cansado de aguantar que se me olvidasen la mayor parte de los encargos, y que hiciese mal los que se me acordaban, y me ha echado a la calle, a saber usted que yo no sirvo para nada, ahora no voy a poder encontrar colocación. ¿Qué haré? ¿Qué es lo que usted me aconseja?

Quedé pensativo y meditabundo largo rato. Luego se me ocurrió una de estas ideas absurdas que me caracterizan, y que, a pesar de que carecen de sentido común y quizá por eso mismo, tienen una plena y triunfal realización, como si concordasen absolutamente con el espíritu del momento.

—No llores, mi buen amigo –dije al triste y desconsolado repartidor–; me parece que he encontrado para ti una ocupación admirable. Tú vas a ser novelista.

—¿Novelista? ¿Qué es eso?

— No te importa. Si muchos de los que así se titulan supieran lo que eso es y conocieran el alto y noble sentido de esa palabra, lo primero que harían sería no escribir. No te metas, pues, en honduras, ni me obligues a meterme a mí. No voy nada más que a darte reglas prácticas para poder hacer fortuna. Óyeme bien.

— Oigo.

— Tú escribirás libros, libros amenos e interesantes. Eso puede llamarse ser novelista.

— ¡Pero yo! ¡Un vendedor de verduras!

— ¡Silencio! Tú ignoras que hay novelistas que son lo mismo que tú: vendedores de verduras.

— No lo sabía. Bien es verdad que yo no sé nada.

— He ahí otra gran cualidad. Los novelistas a que yo me refiero tampoco saben nada.

— Pero, ¿qué me cuenta usted? Por lo que veo, yo tengo madera de novelista; he nacido para eso, como quien dice.

— Ciertísimo, amigo mío, ciertísimo. Oye y verás. ¡Ahora mismo te vas a tu casa y te pones a escribir una novela! Es indispensable que sea una novela pornográfica, donde describas al vivo las cosas más sucias que se te ocurran. Para disfrazar esa sencilla intención, yo te daré algunos trucos, que son los que usan aquellos de quienes vas a ser compañero, emulador y quizá maestro. Se trata de buscar un aparente interés dramático que disfrace el intento principal, que es, como te he dicho, describir los vicios y las pasiones más ruines del cuerpo y halagar así los peores instintos de la bestia humana. Al mismo tiempo hay que creerse muy artista y defender todas las procacidades en nombre de la literatura y del arte.

— Perdóneme usted –interrumpió mi amigo–; pero pienso que el que haga pornografía y se crea que hace literatura es tonto de remate, y el que haga pornografía a sabiendas y la quiera hacer pasar por literatura es un hombre sin decoro. Haciendo lo que me propone no hay más remedio que ser una de las dos cosas.

—¿Pero qué es eso? –exclamé– ¿Tú tienes sentido común? Pues lo siento mucho, amigo mío; pero no sirves para el oficio de novelista a la manera que había de proporcionarte un porvenir. Ya no te digo más.

—¡Por Dios, no me abandone usted! No tengo sentido común.

—¿Pero lo has tenido alguna vez?

—No, señor; nunca.

—Bien está; entonces, sirves. Con la regla que te he dado ponte a escribir esta tarde mismo...

Mi amigo me abrazó, con lágrimas en los ojos –esta vez lloraba de dicha y agradecimiento–, y salió de la estancia.

**

Lo cierto es que mi amigo es hoy un novelista de fama y me debe su fortuna. La última vez que lo he visto estaba redactando el letrero que había de llevar en la faja que cerraría su último libro y serviría de anuncio del mismo en los escaparates. Decía: «Este libro, del más recio, pasional y glorioso de nuestros novelistas, es una tragedia de honda pasión, de vicio dorado, esplendente y triunfal. El autor, con atroz realismo, desciende a los lupanares y nos cuenta lo que allí pasa. No puede, pues este libro ponerse en todas las manos».

— Oye –le dije–, ¿en qué manos no puede ponerse tu libro?

Y mi amigo, que a veces «se las trae», me está resultando humorista, me contestó:

—Pues no puede ponerse..., en las manos de las personas decentes.

3 de agosto de 1924

IMPRESIONES DE UN VERANEANTE INFORMAL.
DIVAGACIÓN SOBRE LAS ADUANAS

— Usted desconoce, querido amigo, el valor filosófico de las aduanas.

— ¿Cómo? –interrogué.

— Le repito, amigo carísimo, que las aduanas tienen, ante todo, para el viajero, un interés filosófico. Usted, sin duda, cree que las aduanas tienen por único y exclusivo objeto hacer efectivos ciertos derechos de importación. Así, es, por lo que atañe a los comerciantes; pero ese noble objeto pasa a segundo término en cuanto se enfoca la cuestión desde el punto de vista del viajero. Usted habrá observado que muchas veces esos derechos de importación no se hacen efectivos ya por magnanimidad del aduanero, ya porque el registro no profundiza demasiado y los objetos se quedan sin ser vistos. ¿Qué fin ha cumplido entonces la aduana? El más alto de todos sus fines: el de mostrarnos prácticamente que en esta vida no hay felicidad completa. El veraneante, querido amigo, propende a la felicidad de un modo que me abstengo de calificar; pero el hecho es que cuando el veraneante toma el tren, su imaginación no divisa más que perspectivas risueñas. El monte escarpado y lleno de selváticos aromas, la playa rumorosa y saludable, el pueblecito chiquitín con sus casitas agrupadas al pie de la colina, la gran ciudad desplegando sus lujos y sus galas, París, Bruselas, las tierras escandinavas, el Polo Norte... No se sabe hasta dónde puede llegar la imaginación de un veraneante. Pues bien, con una cartera repleta –cosa que suele tener alguno que otro entre los que veranean– esos sueños de la imaginación pueden cristalizar en la realidad y el viajero correría el riesgo de creer que la vida es un campo de flores sin espinas. Pero cuando el espíritu del viajero está a punto de sucumbir ante ese error aparece la aduana: el viajero tiene que abandonar su confortable asiento, ocuparse de sus maletas y cofres, abrirlos, contemplar cómo manos audaces revuelven sus ropas, tan cuidadosamente dobladas, ver cómo desaparece vorazmente arrebatada una cajetilla humildísima, una inocente caja de fósforos..., y entonces no le queda más remedio que comprender lo efímero de las dichas humanas. Y esta provechosa lección, ¿a quién se la debe? A la aduana, amigo mío, a la vigilante y paternal aduana, que cumple dignamente uno de los grandes fines para que fue creada: molestar al viajero, dar una severa lección al pobre iluso.

***

Confieso que este discurso, que he reproducido con la mayor fidelidad posible, me pareció cuando lo oí una exageración. Luego la experiencia ha ido produciendo su efecto y me ha demostrado que mi amigo es un sabio. Por dos veces, una en París, primero, y otra en Madrid, muy recientemente, se me ha demostrado de manera clarísima el celo con el que la aduana cumple su fin filosófico, casi mejor que su fin económico.

Hace unos meses pasé la frontera francesa entre Irán y Hendaya. En este último punto me enfronté, en compañía de tres maletas, con un respetable y bigotudo aduanero, el cual me preguntó si llevaba algo que declarar, y cuando le contesté que no, me dijo lacónicamente:

— *Ouvrez.*

Pasé por alto con humildad esta ofensa. El aduanero no daba, por lo visto, el menor crédito a mi palabra. Abrí las maletas, y en cuanto las hubo revuelto concienzudamente, me volvió la espalda, no sin antes pintar un feo garabato con yeso en la limpísima tapa de cada una de ellas.

Salí de allí meditando el discurso de mi amigo, aunque sin darle la razón todavía. Hice el viaje a París, deteniéndome como una feliz mariposa acá y allá, dos días en Bayona, tres días en Burdeos, deteniéndome ante los escaparates de las tiendas y comprando cosillas, que me entregaban sin protesta, a cambio de unos papelillos mugrientos o unos pedacitos de latón.

Llegué, por fin, a París y me dispuse a salir al muelle de Orsay con la arrogancia y desparpajo que convienen para demostrar que no es uno un infeliz que llega allí por primera vez. Detrás de mí un mozo cargaba con las tres maletas. Puse el pie en la calle, feliz y triunfador, cuando observé que el mozo no me seguía, y le vi detenido a la puerta de la estación por dos aduaneros.

— ¿Qué pasa? –pregunté en francés con la soltura que es característica en mí cuando hablo ese idioma.
— Que tiene usted que abrir las maletas, caballero, para que sean revisadas en la aduana.
— ¿Cómo?
— Que tiene usted que abrir sus maletas para que sean revisadas en la aduana.
— Usted se equivoca amable y caballeroso aduanero. Estas maletas han sido revisadas en Hendaya.
— No tengo nada que ver. Haga usted el favor de no resistirse a la autoridad.

Empecé a sentir una especie de acceso de locura, pero me contuve y abrí las maletas. Lo primero que el celoso aduanero cogió fue un objeto comprado por mí en Burdeos.

— Esto paga.

— Esto lo he comprado en Burdeos.

— Eso no me consta, señor. Exhiba usted alguna prueba.

— No tengo, pero esto lo he comprado en Burdeos.

— Esto paga.

— ¡¡Esto lo he comprado en Burdeos!!

— O paga usted o deja aquí el objeto.

— ¡¡¡Si lo he comprado en Burdeos!!!

— Bien. Nos quedamos con él.

— ¡¡¡Lo he comprado en Burdeos!!!

— Puede usted cerrar sus maletas y seguir su camino, caballero.

— ¡Eso lo he comprado yo en Burdeos! –murmuré ya débilmente, con el corazón oprimido y lágrimas en los ojos.

No me hicieron caso y seguí tristemente mi camino. Aquella noche dormí muy mal; inquieto y agitado. A la madrugada me despertaron furiosos golpes en la puerta de mi habitación.

— ¡Caballero! –decía una voz irritadísima–. ¡Deje usted dormir al prójimo! ¡A mí no me importa esa endiablada cosa que está usted diciendo a gritos que ha comprado en Burdeos!

Júzguese por esto de mi estado.

***

Recientemente llegué a Madrid, después de una detención de varios días en Santander, descansando de un viaje desde Inglaterra. Al llegar a la estación del Norte un amable carabinero me detuvo.

— Caballero, aquí hay una aduana y debe usted abrir sus maletas.

— Las han registrado en Santander.

— No importa, caballero. Ya suponemos que tienen que haber sido registradas en la frontera.

Aleccionado por la experiencia, abrí mis maletas, y tomando un objeto nuevo que en ellas venía, dije:

— Dígame cuánto debo pagar por esto. Lo he comprado en Santander.

El carabinero, que ignoraba toda la amargura que destilaban mis palabras, se encogió de hombros, creyendo que yo le hacía objeto de una burla vulgar. Si hubiera sido ocasión de ello le hubiera dicho:

— No disimule usted. Lo sé todo. Usted cumple un doble fin económico y filosófico. En virtud de este último me está usted amargando los momentos de mi llegada para que me haga cargo de lo efímero de las dichas terrenas y, en virtud del primero, podría usted cobrarme derechos por este objeto comprado en Santander. De este modo se habría beneficiado la industria nacional además el Estado vería aumentado sus ingresos.

Pero estoy seguro de que el carabinero no me hubiera comprendido y hasta quizás hubiera llegado a enfadarse.

9 de septiembre de 1924

EN ESTA HORA.
OJEADA A LOS VALORES LITERARIOS.
ARMANDO PALACIO VALDÉS[1]

Nada más grato y más fácil que nuestra tarea de hoy. Diremos, para que no se nos tache de feroces y descontentadizos, que daríamos cualquier porción útil de nuestra modesta humanidad por que estos artículos contuvieran todos un noventa por ciento de alabanzas. Para ello bastaría con que, en vez de un par de grandes novelistas, dos o tres ilustres dramaturgos y un cuarteto de notables poetas, tuviese España una docena de cada cosa. Si no la tiene, reconózcase noblemente que nosotros no tenemos la culpa.

El venerable don Armando Palacio Valdés es la más pura gloria de nuestra literatura novelística de hoy. Su ancianidad, tan discreta y tan noble, es el coronamiento natural de una vida de escritor que no movió jamás su pluma a merced de ningún viento tornadizo y mal orientado. Mantúvose constantemente en un plano elevado y artístico, legando a la posteridad buena porción de obras limpias y sanas, en las que la vida se mueve, cambiante y varía como es, bajo un cristal de arte sereno.

Según se desprende de algunas confesiones dadas a *La Estampa* por el propio don Armando, este llora un pecadillo literario del que se arrepiente: su fugaz escapada al campo del naturalismo cuando, a fines del siglo pasado, se complacía en llevar a la novela el retrato de algunas suciedades y la pintura de llagas y supuraciones. A esta, que podríamos llamar claudicación de Palacio Valdés, pertenece una novela que es, sin disputa, la más endeble de las suyas: *La espuma*.

---

1 Parece inútil repetir que el orden de aparición de estos artículos no indica preferencia ni intento de clasificación. Ha parecido oportuno, atendiendo indicaciones muy estimables, alternar con el estudio de los autores dramáticos el de novelistas o poetas.

En *La espuma* don Armando pintó lo que no conocía, y, naturalmente, lo pintó mal. Se pueden pintar los vicios de la aristocracia, pero hace falta conocer la aristocracia primero.

No vale la pena insistir en este error de Palacio Valdés, reconocido por él mismo. Para contrarrestarlo, están ahí algunas de las mejores narraciones que se han escrito en nuestra lengua. En ellas resplandece ese supremo arte de contar, señalado varias veces como la cualidad sobresaliente de Palacio Valdés. Aliada con ese humor tan suyo, tan asturiano, tan casi gallego –con perdón de gallegos y asturianos–, produce una deliciosa manera narrativa, en la que ningún novelista español de los dos últimos siglos –habiéndolos más grandes que Palacio Valdés por otros conceptos– supera al autor de *La hermana San Sulpicio*.

No enumeraré las producciones del gran novelista, porque el pueblo español sabe la lista de memoria. ¿Cuál es la mejor? El público ha señalado, por medio de un voto clarísimo –comprando el libro–, cuál es la que más le gusta: *Marta y María*. Muchos quieren que esta prioridad corresponda a *La hermana San Sulpicio*, esa narración tan soberanamente amena. Algunos críticos señalan a esa joya titulada *La alegría del capitán Ribot*. Yo, que tengo tanto derecho a votar como cualquiera, me inclino por *El cuarto poder*. Creo que en ella se retraía más de cuerpo entero el genio de Palacio Valdés. De todos modos, lo dicho nos obliga a examinarlas las cuatro, que sobresalen, en efecto, sobre todo el resto de la producción, contándose en ella obras de tanta valía.

Sobresale Palacio Valdés en la pintura inimitable de tipos de mujer. Ha sabido crear tipos artísticos femeninos, de insuperable manera. El espíritu atormentado de María; esa María tan viva, tan real; esa andaluza gentilísima, que se llamó algún tiempo la hermana *San Sulpicio*; esa Casilda y esa Venturita de *El cuarto poder*... Difícil es imaginar nada literariamente más perfecto.

En *El cuarto poder*, que considero novela tipo del arte de Palacio Valdés, las dos figuras de Casilda y Ventura muestran a un gran artista. Casilda, finísima, fundamentalmente honrada, llena de abnegación y de amor, dispuesta al sacrificio, y Ventura, sensual y voluble,ególatra, que no comprende siquiera la íntima alegría de la honradez, son dos tipos absolutamente distintos y dos retratos cuya admirable justeza maravilla. La emoción dramática, honda, que Palacio Valdés pone en algunos pasajes de esta novela, la elevan a las más altas regiones del arte.

Junto a esta emoción, el humorismo del maestro teje una intriga deliciosa. La Prensa, el cuarto poder, va a ejercer su acción en un apartado rinconcillo provinciano. ¡Qué sesiones las preparatorias del acontecimiento! ¡Qué extraordinarios tipos! ¡Qué graciosísima pintura! Tuviera Palacio Valdés nada más que esta novela, y por ella se le citaría con admiración.

En *El cuarto poder* aparece un tipo de aristócrata que Palacio Valdés repite mucho y que sería curioso averiguar a qué prejuicios o a qué experiencias debe el ser. Es el aristócrata frío, correcto, cruel, impávido, capaz de las más atroces acciones. El mismo tipo lo tenemos en *El señorito Octavio*, cometiendo aquella fea acción de matar al perro. Recuérdese que el aristócrata de *El cuarto poder* es igual y que también quiere en una ocasión matar a un perro. El padre de la hermana San Sulpicio no es un malvado como estos dos, pero es un hombre tremendo, que en una juerga clava su mano con la de otro en una mesa, valiéndose de un puñal.

No tenemos tiempo más que de observaciones rapidísimas. El humor de Palacio Valdés, su amor a los tipos de niño, podrían ser materia de un estudio de literatura comparada. A la literatura inglesa habríamos de acudir como término de comparación.

Otros libros famosos de Palacio Valdés son *Tristón, La aldea perdida, La fe, Los majos de Cádiz, El maestrante*, etcétera.

Palacio Valdés ha puesto, al frente de ediciones definitivas de sus libros, una advertencia indicando que debe darse por no escrito en ellos cuanto sea contrario a la fe y a la moral católicas.

3 de mayo de 1925

VAGA Y AMENA...

INVIERNO EN PRIMAVERA (NOVELA DE TIRSO MEDINA)

El sentido de la amenidad, indispensable en un novelista, lo posee Tirso Medina en alto grado. Si fuese posible escribir «interés palpitante», «libro que no se deja de la mano hasta ver el fin» y otras frases, cuyo descrédito impone la renuncia total a emplearlas, ahora las escribiríamos. No siéndonos factible esto, acudiremos a una confesión leal y sencilla: hemos leído el libro de Tirso Medina de una vez en una velada llena de placer y de sumisas, como si estuviéramos con un amigo admirable incapaz de decirnos nada molesto y muy capaz de mantenernos durante varias horas pendientes de su conversación.

La comparación de *Invierno en primavera* con su hermana mayor, *El asesino de la muñeca*, es inevitable. Y en esta comparación la última obra de Tirso Medina acusa menos espontaneidad y mayor picardía. Trataremos de decir al distinguido escritor la verdad, o si esto parece excesivamente pretencioso, nuestra verdad. Notamos en Tirso Medina el primer síntoma de una dolencia hasta ahora de carácter leve. Y en ese grado es cuando las enfermedades han de atacarse. No son nada, pero pueden ser algo. Evitémoslo.

La intención plausible de un autor de dar interés a lo que narra conduce al empleo de lo que llamamos el «truco de las sorpresas». Es un truco perfectamente legítimo, y se lo aplaudimos a Tirso Medina en *El asesino de la muñeca*, esa lindísima y delicada narración. No tuvimos inconveniente en el aplauso cerrado porque el truco no era allí lo esencial. Había tipos deliciosos, momentos de honda poesía, rasgos felicísimos. En *Invierno en primavera* no falta una dosis de todo eso; pero el truco pasa de secundario a principal. Los personajes no están tan claramente vistos, y sus afectos, sus sentimientos y sus emociones no se explican, por lo tanto, con lógica tan perfecta.

La enfermedad aludida es, a lo que a nosotros nos parece, la adopción de un procedimiento que consiste en imaginar el truco antes que los personajes. La construcción verdadera es a la inversa. Hay que buscar los personajes, verlos bien y ponerlos en acción. Si sobre ello la acción resulta intrincada y llena de encantadoras sorpresas, tanto mejor. Pero conviene, ante todo, que los personajes sean interesantes en sí.

No quisiéramos que ni Tirso Medina ni el lector interpretaran estas líneas como un juicio desfavorable de *Invierno en primavera*. Formular este juicio adverso sería estamparlo de mí mismo, puesto que confieso leí el libro de Tirso Medina de una sola tirada. Trato solamente de evitar, si el notable humorista quiere hacer caso de mi insignificancia, el que busque el camino trillado y se duerma en el surco quien ha demostrado y demuestra aptitud para mayores empeños.

El libro de Tirso Medina es encantador, amenísimo, profundamente gracioso y de una gran pulcritud, cualidades que bastan a recomendarle a toda clase de lectores. Tiene más. Tiene un personaje, el criado que redacta sus memorias, por si alcanza un día la celebridad, que es un acierto completo. Creaciones así acreditan a un humorista. Y Tirso Medina figura por ese y otros méritos entre los más finos cultivadores de la literatura humorística que poseemos hoy.

VUELOS DE GOLONDRINA (NOVELAS DE EMILIANO RAMÍREZ ÁNGEL)

Entre los escritores jóvenes que España tiene actualmente, a ninguno como a Ramírez Ángel conviene la palabra juventud, aplicada en un noble sentido espiritual. Suele ser desagradable condición de nuestros jóvenes aparecer poseídos de un conocimiento superior de hombres y cosas, encerrando el mundo en una órbita de escepticismo y de desdén. Sus obras son obras vie-

jas escritas por gente de pocos años. En Ramírez Ángel la ingenuidad honrada, la espontaneidad juvenil, una suave dulzura de
muchacho bueno y un arte natural y lleno de discreción forman
una amalgama que trasciende la más profunda simpatía.

En *Vuelos de golondrina* ha reunido varias novelas cortas di-
ferentes en su calidad, pero hermanas en un rasgo que Ramírez
Ángel pone en todo lo que escribe: la honradez literaria y el decoro. Si alguna de ellas, llevada por su tema fundamental, roza
sectores ásperos de la vida, jamás pone el novelista delectación,
ni siquiera leve morosidad, en narrar lo que tantos otros traen
por los pelos con objeto de procurar venta a su mercancía.

Ramírez Ángel observa bien y cuenta con primor. La obra de largo aliento no es su fuerte. En croniquillas breves y en artículos periodísticos ha producido verdaderas joyas, recibidas en la pública y general estimación y galardonadas. En la novela corta Ramírez Ángel
está bien, perdiendo sólo de vez en cuando la elemental unidad. En
la novela «grande» es donde Ramírez Ángel me gusta menos. Pero
esto no es de aquí. *Vuelos de golondrina*, que es lo que hoy nos importa, nos parece libro meritorio y bien escrito. Ahora, que pedimos
más. Porque, pese a las buenas cualidades de esta obra, Ramírez
Ángel es superior a ella. Hay que dar ya la nota aguda. En la media
Ramírez Ángel ha quedado muy bien. Por eso le pedimos más.

GUERRA SIN CUARTEL (NOVELA DE CEFERINO SUÁREZ BRAVO)

Ha presidido el acierto en la idea de dar nuevamente a la estampa esta narración histórica, tan castizamente escrita y desarrollada
con tanta habilidad novelística. La Academia Española premió este
libro e hizo bien. El lenguaje es de una claridad y limpieza grandes,
terso, castizo y sonoro. Admirable vehículo de la narración. Esta es
bien conocida. Llena de amenidad, decorosa, de una gran pulcritud, constituye lectura apacible y sana, digna de todo aplauso.

31 de diciembre de 1925

NOTAS PARA LA HISTORIA LITERARIA

TIGRE JUAN (NOVELA DE DON RAMÓN PÉREZ DE AYALA)

Hubimos de reprochar a don Ramón Pérez de Ayala, un día en que dedicamos breve espacio a examinar su obra, su apartamiento cada vez mayor de la zona templada y cordial del arte para ir hacia el círculo que encierra la zona helada de la fría especulación. Hoy creemos poder dar la noticia de que el señor Pérez de Ayala ha llegado al Polo. Su último libro, partido por gala en dos, nos acarreará graves perturbaciones. La más grave de todas será, probablemente, que don José Ortega y Gasset y don Gregorio Marañón se dedicarán a exponer sus tesis biológicas por medio de novelas. Y don Eduardo Gómez de Baquero habrá de dedicar su fértil pluma al invento del calificativo de adecuado que deban llevar, junto a la palabra novela, estas producciones. ¡Ah, si a los krausistas se les hubiese ocurrido explicar aquello del «yo», del «no yo» y del «otro que yo» en un diálogo entre protector y ahijado! ¡Otro gallo les cantara!

El gran defecto de *Tigre Juan*, última obra hasta el día del señor Pérez de Ayala, estriba en haber transformado en personajes las abstracciones y haber lanzado los personajes a la lucha. Escrito el libro en forma de diálogo filosófico, sin acción dramática, sería admisible. Nos enteraríamos de algunas ideas del señor Pérez de Ayala, y gozaríamos de su lenguaje pulido. Pero que estos personajes abstractos, sin otra vida que la que el autor quiere otorgarles, enloquezcan, sufran, vivan y mueran es cosa difícil de aceptar.

Tigre Juan nos da la impresión de un conjunto amalgamado de reminiscencias, acudiéndonos a la mente, primero que nada –justo es consignarlo– las obras anteriores del mismo autor. Juan es un personaje fabricado en el mismo troquel que Apolonio y Belarmino, Urbano y Simona. Si en *Belarmino* y *Apolonio* los juegos malabares de la inteligencia eran sugestivos, la hazaña no pedía repetición. A nuestro juicio –y, en buena hora lo digamos, al de personas a las que no se puede suponer con iguales prejuicios que a nosotros–, *Luna de miel, luna de hiel* fue algo como un intento de suicidio del señor Pérez de Ayala novelista. *Tigre Juan* es la segunda tentativa.

20 de marzo de 1926

SIETE COLUMNAS POCO FIRMES

No le han faltado al último libro de don Wenceslao Fernández Flórez, *Las siete columnas,* artículos de comentario llenos de una cariñosa amistad que el autor del libro olvidará difícilmente. Tampoco le han faltado la benevolencia especial que merece hoy toda obra en la que el escritor se propone asustar a la clase media. Si a eso añadimos que el señor Fernández Flórez sigue teniendo tanta gracia como poco arte de novelar, quizás no se considere inútil la aparición de este artículo, estropeado al final por una firma modestísima.

El señor Fernández Flórez, de quien me ha cabido el honor de ocuparme otra vez, no es un buen novelista, como en la mentada ocasión le dijimos. Acertó parcialmente con *Volvoreta,* y desde entonces acá ha publicado con el nombre de novelas mosaicos agridulces, llenos de páginas brillantísimas y de incomprensibles lagunas.

Si alguna duda pudiera dejar a este respecto *Ha entrado un ladrón* y *El secreto de Barba Azul,* la aparición de *Las siete columnas* la desvanecería por completo. En las producciones citadas y por el orden en que se citan, va el señor Fernández Flórez introduciendo cada vez en mayor número en la narración sus casi siempre deliciosas divagaciones humorísticas. En *Las siete columnas* la abundancia es tal que se pierde constantemente el hilo de la narración y parece que estemos leyendo una colección de artículos.

El señor Fernández Flórez recata bien poco su deseo de llegar a todo trance al ameno relato de algunos salados episodios –otros no– que nada tienen que ver con la novela. Una narración desmayada y de poco interés, y de pronto el chispazo alegre, de fino humorismo, a veces de concentrada y disimulada amargura. Y otra vez la narración sosa y difícil.

El emparedado humorístico se fabrica en *Las siete columnas* por el procedimiento más sencillo y menos nuevo: el empleado para introducir los cantables en las zarzuelas.

En la misma forma arbitraria, truncando la acción y tornándola en algo deshilvanado e incoherente, surgen lo que podríamos llamar en *Las siete columnas* los números cómicos, a veces de una comicidad un poco baja y ramplonamente orquestados. Parecen obedecer a un sistema fácil de demolición –el derribo por la dinamita–, y algunos son francamente chillones y repulsivos. El señor Fernández Flórez saca a bailar en sus números cómicos a las figuras más respetables que encuentra. De cuando en cuando no tiene inconveniente en intercalar una danza macabra.

No quisiéramos que esto se interpretase como una falta de respeto a la labor del señor Fernández Flórez, tan notable en algunos aspectos. Pero no hay otro modo de dar al lector una idea de cómo el autor de *Las siete columnas* trae por los pelos innumerables episodios humorísticos ajenos a la novela y los introduce en la narración sin otra excusa que la que se desprende de la gracia innegable de alguno de ellos.

El asunto básico de *Las siete columnas* es una pirueta intelectual de poco valor. Las siete columnas que sostienen el mundo son los siete pecados capitales. Suprimidos estos, la sociedad se derrumba; no existe ninguno de los resortes por los cuales se mueven los humanos, y de los que dependen el progreso, la civilización y, en general, la marcha del mundo.

No caeremos en la ingenuidad de tomar en serio este equilibrio del señor Fernández Flórez en la cuerda floja del humorismo. Pero si nosotros no somos tan ingenuos como sería nuestro deseo, no falta quien tenga ingenuidad bastante para dejarse sorprender. Y el libro, bien equipado exteriormente del señor Fernández Flórez carece de consistencia íntima.

No es ni siquiera una obra con un pensamiento falso o atrevido, pero dotado de brillante novedad o de originalidad sorprendente. Cualquiera sin valer lo que el señor Fernández Flórez podría elaborar una tesis humorística demostrando que el robo es la base de la sociedad o el asesinato el fundamento del orden. Del ingenio del señor Fernández Flórez podrían esperarse mayores empresas.

Pero al señor Fernández Flórez no le sale la novela *grande*. En esta los personajes –digámoslo en redondo– no existen. Si quisiera hacer la prueba, invitaríamos al autor de *Las siete columnas* a escribir un libro por el mismo procedimiento y con un contenido limitado por la ortodoxia más pura. ¡Habría que ver entonces cómo se dudaba de su talento, del que nosotros no nos permitimos dudar!

La perspicacia del señor Fernández Flórez quizás habrá penetrado en el enigma de la sabiduría de muchos hombres terribles, y sabrá que en cuanto renunciasen a hablar mal de la Inquisición les quitarían la corona de laurel y utilizarían las hojas en un guiso. El señor Fernández Flórez, que tiene derecho a laureles enteros, debe rechazar los que le brindan por *Las siete columnas:* son unas hojitas de latón pintado de verde.

24 de julio de 1926

LA PLANTA QUE PRODUCE EL TURRÓN

No sé lo que el lector esperará después de este prometedor título. Hace tiempo que es un ideal para gran parte de la especie humana el hallazgo de los árboles felices que ofrezcan al viandante desde el humilde lindero de los caminos ciertas frutas prodigiosas. Ya es viejo el anhelo que espera sin cesar a la planta que produzca los cigarros habanos. Igualmente sería bien recibido por todos el árbol productor de las salchichas y de los chorizos. Quizá en este deseo haya algo pecaminoso e inconfesado. Parece que las frutas que dan los árboles pueden cogerse de la rama sin cometer la falta de extrema gravedad... Pero no nos metamos en honduras.

Lo que afirmamos es lo siguiente: el obscuro firmante de estas líneas ha conocido la planta que produce el turrón. Delante de nuestros ojos atónitos una mano que ya hace mucho tiempo que está helada ha cogido para nosotros el fruto codiciado, ha sabido obligar a concederlo al árbol que se rebelaba contra su destino...

La cocina era grande, como todas las cocinas de los cuentos. En ella, durante las Navidades, se vivía también a la manera que en los cuentos se vive, y esa es la mejor manera de vivir. La cocina aparecía al ojo tímido y al corazón inquieto como un refugio seguro. Para que el refugio valga y se estime es preciso que exista el peligro temeroso y amenazante. Y la cocina era un refugio, porque fuera había una sábana de nieve, porque tal vez la noche sentía desgarrar su silencio por el aullido de un lobo, porque el cierzo venía desde las crestas de la sierra de Prades con afán homicida, buscando herir en el pecho.

La cocina, grande como la de los cuentos, tenía su amplia chimenea de campana y debajo de ella ardía un fuego de gruesos troncos.

Iban llegando los amigos esperados y se sentaban en torno de la lumbre. Llegó el *senyor Pere Romeu*, alcalde y dueño de la principal alpargatería; *Tonet*, el de la Torre del Español, héroe cuando las inundaciones del padre Ebro; el *senyor Jaume*, hombre de pocas palabras y de buenas razones; la *senyora Coloma*, su consorte, y dos o tres amigos más. Cada uno dijo su comentario sobre la nieve y el frío. Estaban todos conformes en lo mismo que todos los años: en que hacía un frío superior a los que se padecieron otros inviernos. Algún viejo levantaba su autorizada voz para decir que también en el año 70 fue terrible la nevada de Pascuas.

Después de terminar su comentario con un resignado y cristiano *alabat siga Deu*, se callaron un instante. Y fue el bueno del *senyor Pere* quien trajo la conversación al punto que a los niños interesaba. El *senyor Pere* era un excelente hombre y por eso amaba a los niños y concedía atención a lo que ellos deseaban.

— ¡Calle! –dijo el *senyor Pere*–. Ya está el *tió* medio consumido. ¿No será ya hora de hacerte sudar al muy ladrón?

El *tió*, lectores, no sabéis vosotros lo que es, y, sin embargo, él es el personaje más importante de esta breve narración. El *tió* –ya hemos llegado al nudo– es el árbol precioso que da el turrón. Su tronco enorme ardía en el hogar y se había partido en dos pedazos por una herida roja y negra que le abrió la llama implacable. Y, así y todo, herido y maltrecho, es como se esperaba de él el prodigio.

— *Senyor Pere* –advirtió mi padre–, no me solivianque usted a los chicos. Si empezamos ahora no van a parar de comer turrón en toda la noche y se van a poner malos.
— Deje usted, deje usted. El *tió* se cansará de producir en cuanto convenga. Ahora vamos a enseñarle a cumplir su obligación.

Accedió mi padre, meneando la cabeza y tomando un grueso martillo se adelantó hacia la lumbre. De rodillas en el suelo metió la mano por debajo de una de las partes del tronco aún no alcanzadas por la llama e intimó al *tió* para que diese su fruto. El *tió* callaba y resistía. El maldito tronco prefería arder y consumirse. Mi padre le intimó de nuevo, advirtiéndole que los niños le esperaban. Ni por esas accedió. Entonces mi padre levantó en alto el martillo y dio varios martillazos al tronco rebelde e incivil. Inmediatamente extrajo la mano que debajo del tronco tenía y en ella había un pedazo de turrón. El *tió*, rendido a la violencia, dio su fruto. Durante toda la noche acudió mi padre al *tió* muchas veces, y el árbol dio turrón para todos.

La virtud maravillosa de la planta que da el turrón empieza y acaba en la noche gloriosa del 24 de diciembre. En otras épocas del año es inútil pedirle nada. ¿Qué planta es? Sentiré que haya alguno tan desgraciado que me haga esa pregunta. Dios haga que esta bendita noche todos los niños tengan un padre que conozca los secretos y las martingalas de la planta que produce el turrón. Y traiga a sus hijos en las manos el alegre fruto.

24 de diciembre de 1926

CÓMICO:
HE VISTO A UN HOMBRE SALTAR

Los señores Dicenta y Paso (hijos), autores de esta «cosa» que anoche se presentó al público, han escrito ya varias producciones de corte análogo. En ellas les acompañó la fortuna –la fortuna que ellos confiesan desear, es decir el éxito del público–, pero en la de anoche dudamos que ni aún esa vaya con ellos. Hubo aplausos, es verdad; pero eran alquilados unos y los otros eran como un préstamo: algunos de los que aplaudían esperan de seguro ser aplaudidos alguna vez por los señores Paso y Dicenta.

He visto a un hombre saltar es lo que ha dado en llamarse un disparate cómico, sin que podamos explicarnos por qué no se llama disparate a secas. Tiene sus gotas de *vodevil*, algún que otro chiste grueso y un diluvio de ellos de todos colores. La elaboración es tan penosa, que algunos de los chistes del tercer acto han sido preparados trabajosamente durante los dos primeros.

Del «enredo» no diremos nada. Está, como todos los de este género, urdido sobre una mentecatez fundamental de los personajes. Si uno sólo de ellos tuviera sentido común no pasaría nada. Pero los señores Dicenta y Paso, siguiendo el ejemplo de los grandes dramaturgos, hacen de sus personajes lo que quieren y les obligan a hablar como a ellos les place.

Los de anoche hablaban un castellano bastante irregular. A trechos parecían hablar en verso. Sabido es que tan difícil resulta no escribir en verso cuando se quiere escribir en prosa como no escribir en prosa cuando se quiere escribir en verso.

Los intérpretes estuvieron a la altura de la comedia. Bien es verdad que no se les podía pedir, sino que se supieran el papel, pero es que algunos no se lo sabían. Y a Loreto Prado, siempre graciosa, puede perdonársele esto; pero ¿ocurre lo mismo con el señor Chicote o con el señor Castro? La señorita Fernán Gómez muy elegante.

Los autores, reclamados por los aplausos ya dichos, salieron a escena. El señor Paso salía erguido y radiante. El señor Dicenta, digámoslo en su honor, parecía sinceramente apenado.

12 de marzo de 1927

ELOGIO DEL HOMBRE DEL PARAGUAS, EL CUAL ES AUTOR DE UN BELLO LIBRO LLAMADO *VIÑETAS ANTIGUAS*

Jenaro Xavier Vallejos era en el principio un hombre que llegaba al *Debate* a dejar de cuando en cuando una flor. Muchas gentes gustaban el fino perfume del obsequio de Vallejos e iban formando un ramillete con sus flores. Y así pasaba el tiempo cuando un día se agitó con gratas sonoridades la tranquila atmósfera.

Vallejos tenía un paraguas y nos cantó la historia sencilla del artefacto venerable y protector. Aquel paraguas estuvo algunos meses apoyado con modestia en un rincón, descansando el puño en la pared y apoyando la contera en el suelo. Pero su visible mérito no pudo al fin ser desconocido y la historia del modesto paraguas meció un alto galardón. El paraguas y su dueño avanzaron desde el fondo recatado a las candilejas, y al dueño no hubo más remedio que verlo y sentir por él cordial simpatía y admiración llena de sinceridad.

Vallejos es un curita amable, joven, estudioso y sencillo. ¡Dios mío, sí! ¡Un cura! Un sacerdote modesto y ejemplar que cultiva con fortuna su jardín literario y sabe hacer que en él broten las flores con que a menudo nos regala. Porque Vallejos, ha llegado la hora de decirlo, es un escritor de muy buena cepa, espiritual, amenísimo, lleno de un especial encanto que no puede emanar, sino de la delicadeza exquisita de un alma superior.

Vallejos nos acaba de dar una prueba irrecusable de que es un hombre selecto y un literato excelente. Ha publicado un libro de *Viñetas antiguas* –¿quién entre los lectores de *El Debate* no ha sentido alguna vez la suave emoción de estos cuadritos?– en el que todo convida a un recogimiento puro, a una convivencia tranquila y deleitosa con la obra de arte. *Viñetas antiguas* es un libro bello.

Bello. Porque el fondo es de una poesía encantadora y las figuras están evocadas con ese poder mágico que sólo los poetas poseen. Parecía imposible hacer ya algo nuevo, original, con línea característica y propia a base de algunos temas de la vida del Señor. Vallejos lo ha realizado con maestría innegable y aseguramos sinceramente que hemos sentido dulces emociones con esta lectura.

Bello. Porque el estilo es de una finura alada y envuelve al lector, acariciándolo, sin herirle nunca. La lectura es como una relación de amor entre el espíritu del que lee y el libro leído. La disposición del espíritu en el lector, es la de una intimidad abierta como una rosa. El libro que penetra todo en esa intimidad y se queda viviendo en ella, tiene indudablemente un gran valor artístico. Porque esa intimidad del buen lector es tan sensible que el más leve roce la maltrata y la obliga a cerrarse dolida.

Bello en la cualidad más exterior de la forma, no ya solamente en esa intimidad del estilo aludida antes. El castellano de Vallejos es correcto y adornado como se adornan las mujeres bonitas y honradas. El adorno no es llamativo, no consiste en la pincelada brusca que señala el detalle con dudosa intención. A nosotros algunos estilistas modernos nos dan la sensación de que existe la pornografía del estilo sin necesidad de que exista con él la pornografía del concepto. Esos estilos dan –insistiendo en nuestra comparación– la idea de una mujer pintada, de una mujer perversamente pintada. El autor quiere impresionarlos y no le importa que respiremos el penetrante perfume de una flor ponzoñosa.

En Vallejos se da el caso de un estilo lleno a la vez de modernidad y de pureza. Es el caso que existe una diferencia grande entre el estilo de un escritor clasicista y el estilo de Vallejos; pero es el caso también que la modernidad de este escritor está producida por la fusión perfecta de los elementos permanentes del idioma con las aportaciones del gusto moderno. Vallejos tiene esa elegancia que tanto molesta a los envidiosos porque «no se sabe en qué consiste» y por lo tanto no se puede imitar. Es un elegante de esos de los que se dice que cualquier cosa les cae bien.

Bello libro *Viñetas antiguas* aún en el sentido material. Editado con gusto, ilustrado con acierto, impreso con esmero, puede ser ostentando con orgullo por cualquier amante de las buenas ediciones.

18 de marzo de 1927

LOS ERRORES TRADICIONALES.
CON MOTIVO DE LA MUERTE DE MARIUS ANDRÉ

Acaba de morir uno de los hombres que han permanecido durante su vida en lucha con algunos errores arraigados, que la gente repite con cierto aire de superioridad y de suficiencia científica. Vivir así significa luchar mucho y morir pronto. Significa además que la oración fúnebre de los que se pavonean sobre la cúspide del error combatido sea fría, insípida y casi insidiosa. Marius André, escritor lleno de ingenio y de viveza, buen poeta de su suelo natal, era uno de estos hombres a que nos referimos, y entre los errores perpetuos enemigos suyos figuraron las falsas opiniones corrientes en el mundo sobre las cosas de España.

He aquí, pues, que Marius André tiene un interés para nosotros que supera incluso el que pudiera inspirar a muchos franceses. Claro está que estos verán y apreciarán de André los valores permanentes. Nosotros hemos de verlos también en primer término, ya que gracias a esos valores tiene importancia la actitud de André respecto a nosotros. Pero sentado el principio que André era un escritor de talento fino y penetrante, con grandes dotes de luchador y polemista, hemos de examinar con más amor aquella parte de su obra que a España concierne.

Uno de los libros de André –*El fin del imperio español en América*– queda ya un poco retrasado, aunque tiene un gran valor. Queda un poco retrasado porque ya el error ha caído en gran parte y apenas si encuentra refugio en algunos espíritus extranjeros, entregados a un nacionalismo intransigente e ignorante, o en algunos espíritus españoles, víctimas de un afán de desacreditar a su país, en el que entra mayor intransigencia y más triste ignorancia que en la actitud de los extranjeros. Por lo menos, a estos últimos les tiene cuenta la propaganda que hacen.

André al referirse a la obra española en América –para la que el nombre de colonización le parecía poco– arremete con todos los divulgadores de las calumnias que estuvieron en boga en el pasado siglo. Hubo entonces puritanos bien avenidos con el imperialismo británico en el mar o con el exterminio de pieles rojas, que lanzó anatemas contra España y declaró esperar el castigo de Dios sobre la nación que tales crueldades había cometido en América. Ahora todo esto pertenece al género tragicómico, y no hay persona sensata y enterada que deje de reírse de ello. Cuando André publicó su libro –1922– ya era un poco tarde también, pero conviene tener presente que en André la obra era consecuencia de una actitud largamente sostenida, y que aclaró puntos y conceptos que no estaban bien claros. Y, sobre todo, tuvo un aspecto que otras obras análogas no tenían: señaló las culpas del liberalismo y del parlamentarismo, y los vio entrar como elemento demoledor en la ruina del Imperio de España. No es hora de discutir eso aquí; pero quede apuntado, y algún día servirá de tema de meditación a muchos. Hoy mismo quizás. En los cinco años transcurridos desde que André publicó su obra, el mito del liberalismo parlamentario a estilo siglo xix ha recorrido con la cabeza uno por uno muchos peldaños de una decadencia espantosa. Pero entonces era otra falsa deidad con la que André se atrevió valerosamente.

Y el último gesto de André ha sido, por cierto, encararse con un ídolo que, al ser golpeado, suena cada vez más a hueco. También es asunto que nos concierne. Se trata del libro de André sobre Colón. En él aparece la figura del discutido navegante con el perfil aguileño que no hay manera de disimular. Pero lo que más interesa en el libro es situar de una vez a Colón y a España en la obra del descubrimiento. Del Colón italiano se ha querido obtener la consecuencia de que apenas si se debía nada a nuestro país en la maravillosa expedición de las tres carabelas. A esto se ha respondido con la teoría del Colón español. Nada nos regocijaría más que la confirmación de esto último. Cerraría la puerta a mucha discusión inútil y mal intencionada. Pero los partidarios del Colón español, que rara vez proceden con objetividad científica, son inocentes auxiliares de los que quieren centrar en Colón la empresa.

La empresa es española, y España es la que descubrió y civilizó el Nuevo Continente. Al espíritu español se debió lo más admirable que hubo en la hazaña, que fue el encontrar un puñado de hombres que se embarcasen hacia lo desconocido. Por lo demás, en cuanto a la parte de Colón, la crítica moderna ha puesto en claro que se trataba de un hombre ambicioso y de un geógrafo de lo más mediocre y menos enterado de sus días. Fue a América guiado por un error, y trajo de América un horroroso y enmarañado tejido de errores. Y con ellos en la mente bajó a la tumba.

Marius André, al contribuir a derrocar el falso ídolo, hizo un gran servicio a España, que es una víctima de muchos errores tradicionales.

16 de septiembre de 1927

CANCIONES EN LA NIEBLA.
INGLATERRA, VÍSPERAS DE NAVIDAD

La Navidad es la fiesta cuya anticipación se insinúa más gratamente en el alma. Saludamos con alboroto el primero de diciembre, porque diciembre es el mes de Navidad. Y luego las cuentas del rosario de los días se ven pasar con satisfacción anhelante. «De hoy en quince días, Navidad». «De hoy en ocho días, Navidad».

Navidad es la gran fiesta ante la que se estrellan sin perjudicarla los furores del tiempo. Cualquier otra puede ser herida, no en su substancia íntima, pero sí en su alegría exterior, por una nube espesa, cargada de lluvia; por un vendaval ululante, por un relámpago lívido. Pero con la Navidad no ocurre eso. Se ha refugiado en el hogar inexpugnable, y cuanto más violento silba el vendaval o más densa es la nieve que cae, el hogar se hace más acogedor, más grato, más íntimo. Contra la paz interior de los espíritus nada pueden las revoluciones de la materia.

Queremos entretener hoy al lector contándole algo de las vísperas de la Navidad inglesa. En el invierno inglés, ceñudo, armado de nieblas y humedades, envuelto en lobreguez, la Navidad es profundamente alegre y se anuncia con bellas anticipaciones. Se la siente venir con su luz que rasga la cortina brumosa, con su algazara típica hecha de canciones de cuna. En la Navidad somos todos un poco niños, e infeliz del que no sepa serlo lo bastante. Los ingleses son niños toda la vida –unos niños de mucho cuidado–, y guarecidos en su verde isla cantan canciones a la Navidad que llega.

Imaginemos la escena que ocurre en cualquier día de diciembre, que ocurre todos los días de este mes. Se ha hecho noche –¡tan pronto!– y la calle está sola, envuelta en un manto negro. Parpadean los faroles y brilla el suelo, siempre asfaltado y siempre húmedo. Cualquier intento de asomar la cabeza por la ventana es rechazado duramente por la frialdad exterior. Dentro, en cambio, baila su danza el fuego y el ambiente es tibio. No abriremos ni puertas ni ventanas.

Pero, ¿quién puede responder de eso? De pronto, un coro de voces infantiles entreabre las cortinas de seda del silencio. Bajo la niebla húmeda los niños cantan. Las casas de las cercanías se han despoblado de sus menores y más importantes seres. El coro va de puerta en puerta y entona los *Christmas carols*. ¿Villancicos? Algo de eso; pero, a fin de cuentas, el texto de la canción importa poco. Puede ser hasta el *couplet* de moda. Un *couplet* nunca es en Inglaterra una cosa nefanda. Los *couplets* ingleses son inocentes. Inglaterra es una sabia nación y desde su alta política a sus mínimas diversiones practica un «hazlo, pero no lo digas», cuyo valor moral no es cosa de examinar aquí. Ni podríamos. No somos filósofos, ni sociólogos, ni políticos. Nos hacemos cargo de que no se nos puede tomar en serio. Y tenemos una resignada humildad.

Sigamos, pues, contando. Cantan los niños sus villancicos, si los saben, y si no, cantan de todas las maneras. Lo importante es que, en la calle hostil, en el seno del ambiente frío que nos hizo huir de la ventana, hay niños que cantan. Su voz es tímida y suave. Es su acento puro lo que interesa. Y hay que acudir. Siempre que se oiga la voz de un niño. Pero si se oye en una noche helada, entonces es indispensable. Los niños solos en la noche encuentran siempre en los cuentos algún hada. Y es un deber de los que ya conocen la vida hacer que esta sea para los niños como la de los cuentos.

Las puertas se abren, pues, y la hostilidad de las casas cesa. Hay que obsequiar a los niños por su canción. Un pastel, una moneda, un aguinaldo. La dádiva es siempre alegre para el que da. Y también para el que recibe, si tiene la sencilla bondad y la ingenuidad de un niño. Nunca se da a los niños inútilmente. Saben agradecer.

Piérdense las canciones a lo lejos en la niebla. Una dulce satisfacción nos cosquillea en el pecho levemente. Una alegría melancólica. Está cerca la Navidad e invade los espíritus el gran deseo de ser buenos. De ser un poco menos malos, en devoto homenaje a aquel niño rosa y luz sobre cuya cuna humildísima se posó una estrella.

16 de septiembre de 1927

MI AEROPLANO Y YO.
UN LIBRO DE LINDBERGH
CON PRÓLOGO DE FRANCO

Todo el mundo recuerda el momento aquel en que la hazaña de Lindbergh unió América y Europa por medio de una invisible estela. Sobre la sustancia ideal que había entrado en la formación de esa estela no estaban conformes los autores. «Locura» decían los amigos de las soluciones fáciles. «Ciencia» decían los que gustan de profundidades difíciles. «Arrojo, valentía, decisión», apuntaban los deseosos de quedarse en un buen medio, que no lo era, porque, al fin y al cabo, confiaba excesivamente en un milagro del valor. «Serenidad» parece ser la mejor palabra. La cual tiene de todo. Ciencia, valor, audacia. Todo menos locura. Esta última es la sola palabra caducada entre las que se aplicaron a Lindbergh.

La caducidad de ella se puede probar ya documentalmente. Lindbergh ha escrito un libro, que en inglés se titula *We*, esto es *Nosotros*. La traducción castellana dice *Mi aeroplano y yo*. Es más clara, más exacta, pero menos expresiva. Dice los dos sujetos de la narración, pero los separa. Y Lindbergh los quería unidos en una momentánea homogeneidad lograda ante el peligro. Es la solidaridad ya tan estudiada del jinete y el corcel.

Pero no nos detengamos en detalles pequeños. *Mi aeroplano y yo* es un libro lleno de gentileza, de simpatía y de interés. Lindbergh no ha dejado de ser –y mucho tiempo le dure– un muchacho sano, fuerte y modesto, al que le da un poco de apuro el que la gente le conceda tanta importancia. Está contento de sí mismo, ¿qué duda cabe?, pero su sonrisa, su actitud, sus palabras, se encaminan a decir siempre lo mismo: «Les aseguro a ustedes que la cosa no es tan difícil como parece a primera vista». Y como esto es modestia verdadera, nace de ahí una gran corriente de simpatía que va del autor al lector.

Lindbergh no dedica sino un capítulo de su obra a describir el maravilloso vuelo a París. He aquí una gran muestra de su llana naturalidad. No quiere envolver sus orígenes, su aprendizaje, sus caídas y sus errores en un misterio para salir de él arrogante y majestuoso en su desafío único al viento y a las olas. Al contrario. Se nos muestra con sencillez, paso a paso, y con franca camaradería nos revela todos sus secretos. Nos dice que no todo fue volar magníficamente y sin tropiezo; una vez cayó en un campo de trébol, tal otra en una tierra de labor; en una ocasión acudió al paracaídas y finalizó el viaje sobre una cerca espinosa; otro día se coló tranquilamente por el escaparate de un comercio.

Podéis reír. Lindbergh no se enfada. Él es el primero que se ríe al contarnos sus cosas, y en su risa y en su buen humor hay una íntima fortaleza que explica el triunfo final. El gran piloto que realizó el vuelo a la capital de Francia ha llegado donde está después de un aprendizaje muy penoso, después de pasar muchas privaciones y trabajos. Ha ganado su puesto, y no de una manera fantástica, llena de prodigios, sino de una manera humana, por un esfuerzo de su voluntad de hombre. Y esto debe decirse en honra suya.

Mi aeroplano y yo es algo más que un libro de amenísima y cordial lectura. Es una lección para las escuelas de aviación de todo el mundo –esto lo indica el comandante Franco con su máxima autoridad–, y es un ejemplo –algo más, un libro de texto casi– para los que quieran seguir el honroso destino de los pilotos aviadores. Lindbergh les ofrece con generosidad el fruto de su experiencia, y se la brinda de un modo amistoso, sin empaque, bajo una forma que nos parece pedagógica en alto grado por lo bien que deja su enseñanza impresa en el espíritu.

Un ejemplo que vale la pena de ser citado. Lindbergh es un gran defensor del paracaídas. Ha podido utilizarlo en momentos de gran apuro y ha salvado la existencia gracias a él. No se cansa de recomendarlo a los aviadores. Y para que no olviden la recomendación recurre a un nuevo proverbio que dice haber aprendido en las escuelas militares *yanquis*. Según él, los paracaídas debieran llevar un lema; este: «Si me necesitas y no me tienes, no me necesitarás otra vez». No se le puede negar elocuencia.

El comandante Franco ha puesto al frente de la traducción de la obra de Lindbergh unas páginas breves, que tienen gran valor por el prestigio de la firma. Limítese nuestro *as* a señalar los principales méritos que a los ojos de un aviador o de un aprendiz de aviador puede tener la obra de Lindbergh. Y lo hace de una manera clara, accesible también al común de los lectores. En general, para el público todo resulta una lectura amena, instructiva e interesante la obra *Mi aeroplano y yo*.

25 de enero de 1928

EL PROBLEMA DE LA CERVEZA DORADA Y FRÍA

Me escribe, furioso, desde Inglaterra un amigo español. He aquí un párrafo de su carta: «Estoy indignado. Usted sabe lo que a mí me gustan la cerveza y los refrescos. ¡Pues aquí no puedo tomar ni una cosa ni otra! ¡Porque no pretenderá usted, ni nadie, que yo me tome la cerveza templada! ¡Ni que cuando tenga sed me conforme con bebidas calientes! ¡Yo quiero la rica cerveza, fría, muy fría, y no tomo bebidas calientes más que cuando me duele el estómago! Por esa razón voy a dar por terminada muy en breve esta vuelta, que, en mal hora, se me ocurrió dar por la Gran Bretaña».

Compadezcan ustedes a mi pobre amigo. Es culpable, de renunciar por asunto, al parecer, tan nimio a una excursión interesante. Pero hay que ponerse en su caso y juzgar del hecho con conocimiento de causa. A ello se endereza este artículo, que no quisiéramos se estimase como poco serio. Suele faltar decisión en las gentes para comprender la gravedad de los pequeños problemas. Todo el mundo sabe que la cuestión de los Balcanes, las de las reparaciones, el bolchevismo, etcétera, son asuntos serios. Lo necesario es no enviciarse en mirar a lo lejos y desdeñar las menudencias diarias. Hay momentos en que un vaso de cerveza tiene más importancia que la teoría de la relatividad.

Madrid es una tierra afortunada. El calor que padecemos –muy molesto, indudablemente– tiene la ventaja de permitirnos apreciar en su debido valor las bebidas frías. Sobre todo, la cerveza. ¡Qué cerveza se bebe en Madrid, señores! Suave, fresquísima;

gustosa, de un dorado peculiar, fino, uniforme, sin turbiedades ni matices feos. La cerveza de Madrid es la compensación que se nos concede por los grandes calores. ¿De qué nos valdría ese «doble dorada» tan simpático, si no lo pidiéramos con la garganta ardiendo por el calor?

Figuraos, pues, a mi amigo, hecho al placer de esa cerveza, en su viaje a la Gran Bretaña. Llega a París. Allí, en primer lugar, la cerveza no es dorada, sino rubia. Importante distinción. Hay el rubio dorado, pero hay el rubio que es casi, casi, de color de castaña. Y hay el rubio oxigenado con mezcla de manchones rojos y negros, que es una cosa feísima. En París, pues, la cerveza es rubia. Pero lo mismo que cuesta tanto trabajo dar con una rubia de verdad, es difícil encontrar la verdadera cerveza rubia. Por lo general, la de París es más barrosa, débil, insípida, y, aunque todavía fresca ya no es, ni mucho menos, lo que aquí llamamos cerveza fría. Y si pasamos al capítulo refrescos, compárese nuestra limonada, o el vaso de limón helado que sirven en un café con la *citronnade* parisiense, que es de color amarillo y tiene cuatro pedazos de hielo, esto es, de agua del Sena, hasta el día, el peor y el más sucio de los líquidos congelables que se conocen.

Y sigamos a mi amigo a través del canal de la Mancha. Ya en el barco, le es dable tomar un anticipo de lo que le aguarda en Inglaterra. En un bar muy serio decorado con esa formalidad reveladora de lo seriamente que beben los ingleses, podrá pagar muy caras algunas fuertes bebidas. Otras, aunque las pague caras, no las logrará. Y, desde luego, podrá ingerir la cerveza. De botella, por lo pronto. Unas botellitas pequeñas, menores que las medias botellas de aquí, con una etiqueta en la que hay dibujado una especie de triángulo masónico. La cerveza que esas botellitas contienen está caliente, es áspera, fuerte, amarguísima, y parece mejor un producto farmacéutico, que una substancia agradable. Pues así será toda la cerveza que encuentre luego en las Islas Británicas. Podrá pedirla de barril. Lo que no conseguirá, aunque lo pida, es que se la den fresca.

Los lectores esperarán, sin duda, de la elevación de este artículo, una explicación de las causas del fenómeno expuesto. Al pronto, a todos se les ocurrirá la más sencilla: como en Inglaterra hace menos calor, no necesitan refrescar las bebidas a la manera española. Explicación muy superficial y, desde luego, deficientísima, como todas las soluciones excesivamente fáciles. En Inglaterra no hace tan poco calor como la gente se figura. Hace un calor inglés, es decir, húmedo, pesado, agotador. La atmósfera se hace espesa y masticable en los pocos días calurosos, oprime el pecho, impide la respiración y debilita las fuerzas. Por consiguiente, hace calor y no se debe a la falta de él que las bebidas frescas no existan.

Pero Inglaterra, en primer lugar, es un pueblo razonable. La inteligencia domina allí a la sensibilidad. Y, ¡qué quieren ustedes! Es una cosa probada que nada hay mejor para quitar la sed que el té caliente. Resulta al pronto muy poco grato cuando asfixia el calor, pero la razón y la experiencia dicen que eso es lo sano. Y no considerándose útiles, sino más bien nocivas las bebidas frías en tiempo de calor, ¿para qué se quieren? Claro que –y este es punto que ignoramos si la ciencia lo ha esclarecido ya– pudiera ocurrir que lo mejor para los crudos días que hiele sea tomar un helado. Pero, si ello es así, en Inglaterra no se han enterado todavía.

Y va, por fin, la otra razón del fenómeno que nos ocupa. El inglés es el bebedor concienzudo. Beber porque se tiene ser y beber encima un líquido agradable, lo hace cualquiera. Lo mismo que el buen fumador es el que envía el humo a la última celdilla de los pulmones, por más que ello le haga toser, y no se contenta con gozar del aroma del cigarro, el buen bebedor bebe lo más fuerte y lo más malo, tenga sed o no. Ahí está la gracia. España es un país informal donde todo se hace jugando y donde borrachera es sinónimo de alegría. ¡Error profundo, que es lo que son todos los errores aludidos en un artículo de periódico! ¡Error profundo! El borracho inglés se harta de líquidos terribles, muy alcohólicos, muy dañinos, de muy mal gusto. Bebe en silencio una y otra vez. Y sale a la calle dando tumbos, pero sin perder la seriedad. ¿Cómo consentiría este hombre en suavizar la aspereza de sus deberes por la grata frescura de las bebidas? Entonces perdería todo su mérito y ya no sería un bebedor.

He aquí nuestro parecer sobre el hecho que tanto indigna al amigo que nos escribe. Si con él se consuela, nos daremos por muy bien pagados del esfuerzo de esta explicación casi científica.

27 de julio de 1928

CÓMICO: *LA ATROPELLAPLATOS*

¡Si no fueran más que los platos los atropellados anoche por los señores Paso y Estremera! El público del Cómico, el más ingenuo de Madrid, como es sabido, creyó, con todo, ver más importantes atropellos. Soportó el primer acto de la comedia y aplaudió al final. Protestó al terminarse el segundo, pateó durante el tercero, y al concluir la obra sostuvo valientemente la lucha con las palmas amistosas y de alquiler.

Se advierte que los señores Paso y Estremera han querido fabricar expresamente un comedión para Loreto Prado y su público. Tanto la notable artista como los espectadores deben pedir estrecha cuenta de ello y preguntar por quién los han tomado. No valdría la pena de dedicar ni dos líneas a *La atropellaplatos* si sus autores no hubiesen rebasado los límites de lo manido y de los insulso. Pero no debe pasar sin repulsa el chiste soez y mal oliente y la escena que quiere ser apicarada y se queda en simiesca.

El asunto de *La atropellaplatos* es de una antigüedad superior a la de las cuevas de Altamira. Se trata de la sustitución de una esposa legítima por una de alquiler. En los últimos meses se ha presentado en Madrid dos películas a base de ese mismo asunto.

De la finura y limpieza de los chistes da idea el que aparezca en la obra un personaje llamado Simeón y una señora que tiene la costumbre de nombrar a sus conocidos quitándoles a los nombres la primera sílaba. Hay más chistes alusivos a diversas funciones del organismo humano. Sobre el estilo que poseen los autores puede ilustrarnos el hecho de que dicen «voy a por...» y de que escriben «sonrisa satisfactoria», cuando lo que quieren escribir es «sonrisa de satisfacción». Hay otras muchas frases que indican cuán acertada ha sido la iniciativa tomada por la Real Academia Española de publicar una nueva edición de su Gramática.

De la interpretación poco podemos decir. Loreto Prado fue la de siempre. Por gastada que esté, hay que reconocerle sus grandes aptitudes de actriz cómica. De los demás, si se exceptúa al señor Castro, que tuvo algunos momentos graciosos, ni una palabra. Bien es verdad que no tenían motivo en que fundar un solo adarme de inspiración.

En resumen: *La atropellaplatos* es una comedia vieja, sucia y mal escrita. No hay más reparos que ponerle.

7 de octubre de 1928

LA INFANCIA DE LA HUMANIDAD

Un libro de divulgación prehistórica. Su autor, don José Pérez de Barradas. Autor y asunto guardan una correlación tan expresiva, que para todo lector avisado ha de significar mucho. Porque don José Pérez de Barradas tiene adquirida gran reputación en arqueología prehistórica, y a pesar de su juventud, ha unido ya su nombre a varios descubrimientos de importancia.

Se trata, pues, de un especialista en la materia de que el libro se ocupa. El libro es de vulgarización, como hemos dicho, y por eso hemos de recurrir forzosamente los que como profanos lo examinemos, a exhibir a modo de garantía, el nombre del autor. Es digna de aplauso siempre la labor del especialista que dedica unos momentos a presentar el fruto adquirido en sus estudios en forma asequible para una gran mayoría de lectores de tipo medio. Eso es hacer realmente obra de cultura. Porque los trabajos eruditos que se escriben para eruditos tan sólo recorren los círculos limitados de una especialidad, pueden ser y son muchas veces, la piedra angular de grandes avances científicos. Pero hay otra actividad de una modestia mayor y de una eficacia inmediata. Es la del especialista que expone con sencillez los resultados de sus estudios e ilustra sobre ellos a la gente. En Pérez de Barradas, concurren, no sólo el hombre de ciencia autor de descubrimientos notables, sino el divulgador sencillo.

Da interés a *La Infancia de la Humanidad*, primero, el tema, que es tan poco conocido. En realidad, en España se sabe muy poco de prehistoria. No es difícil que nos demos cuenta de esto hasta los más ignorantes en la materia. El que más y el que menos, ha tenido que cursar esos estudios en la Universidad y ha podido ya que no otra cosa, acertar a darse cuenta del ancho camino que han de recorrer todavía entre nosotros. Son del dominio común los nombres de la media docena de personas que tienen autoridad para hablar de prehistoria en España. Barradas figura entre ellos.

Con enorme interés nos adentramos, pues, por las páginas del libro de este hombre de ciencia que se ha puesto a contarnos vivamente los años de niñez de la humanidad. Barradas expone con limpieza, aunque se le nota que unas veces no puede desprenderse de cierto tecnicismo difícil de entender y otras, la costumbre del estilo, un poco duro, del investigador le quita flexibilidad y armonía a sus páginas. El libro se lee con agrado, entiéndase bien, se lee con agrado incluso por los que no saben nada de prehistoria y eso es, precisamente, lo que el libro busca.

Algunas ilustraciones acompañan al texto y contribuyen grandemente a la claridad del mismo. Por otra parte, Barradas, hombre de solidez de principios y formado en buena escuela, es de los que, merced precisamente al estudio profundo de la prehistoria, reacciona en forma vigorosa contra el evolucionismo. En *La Infancia de la Humanidad*, no pueden pues encontrarse errores desacreditados y, sin embargo, mantenidos con empaque por ciertos hombres de ciencia. Barradas, por sus principios y por sus estudios, por su teoría y por su experiencia, merece el mayor crédito en la disciplina de su especialidad.

Finalmente, para los madrileños tiene el libro de Barradas excepcional interés. En él se demuestran los profundos conocimientos que de prehistoria madrileña tiene el autor. Abundan los datos interesantes, curiosísimos, sobre la infancia de esta zona de terreno, en la que andando los siglos había de levantarse la capital de España. No es decir ninguna novedad, que Barradas es hoy la autoridad indiscutible en arqueología prehistórica madrileña. Lo ha probado de sobra con sus excavaciones, con sus artículos y, finalmente, con el libro que hoy señalamos a la atención del lector.

22 de febrero de 1929

DOS CLASES DE PALETOS

Vamos a reñir una batalla lexicológica. ¿Qué quiere decir «paleto»? Se suele aplicar la palabra a los hombres del campo, aturdidos por la ciudad y embobados ante las maravillas de esta. Y no estamos conformes. «Paleto» no es un término absoluto. Es un término relativo. Puede aplicarse, con entera justicia y precisión al hombre de la ciudad, perdido en el campo. Si tuviéramos tiempo escribiríamos un volumen muy gracioso con el título «Las aventuras de un paleto que se ha perdido en la Sierra». Y este paleto –¡quién lo dijera!– sería un hombre de Madrid.

Es curioso observar en cualquier pueblecito de la sierra la llegada de los madrileños. Llegan pisando fuerte, una sonrisa desdeñosa en los labios, un aire magnífico de superioridad. Los hombres con una despreocupación señoril. Las mujeres con un desaliño estudiado. Se pintan y se calzan alpargatas. Bailan en las mismas narices del asombrado pueblerino cualquier danzón de Nigricia. Mientras ellos y ellas se dan tono de gente sin preocupaciones y pueblan de mohines, de risas y de posturas una terraza por la que corre el sano airecillo montañés, los del pueblo, parados en la carretera, los miran fijamente. ¿Admirados? Ese es el problema. Todos tienen en la cara curtida un aire de serenidad y ponderación digno de respeto. Y a las veces se les asoma a los ojos una lumbrecilla de ironía...

Más adelante, los hechos van explicando las actitudes. Sale el grupo madrileño parlero y desafiador. Se le ocurre a alguno comprar determinado objeto.

— ¿Lo habrá en este pueblo? –pregunta.

— ¿Sabrán de qué se trata?

Y un concierto de risas se disuelve en la atmósfera.

—Vamos a casa de Juan a preguntar. ¿Qué cuesta eso en Madrid, tú?

— Seis pesetas.

Y van a casa de Juan, tendero al uso aldeano, que posee un establecimiento pintoresco. El propio Juan en persona está allí. Preguntan. Y Juan, muy serio, les sirve en el acto lo que piden u ofrece tenerlo al siguiente día.

Un poco de sorpresa.

— ¿Cuánto es?

— Nueve pesetas.

Pagan y salen un tanto mohínos. Se han dejado sacar los cuartos lindamente. Lo mismo que les pasa a los paletos en Madrid.

Pero donde se advierte más la relatividad del término, y con ventaja para los pueblerinos es en la admiración ante lo circundante.

— ¡Mira! –exclama un papá, lleno de asombro– ¡Una vaca!

— ¡Uy, es verdad! –dicen las niñas–. ¿Y no ves cómo nos mira? A mí me dan cuidado estos animalitos.

— Son mansos –dice el padre con autoridad–. Fijaos en el ternerito que va con ella. ¡Es rubio!

— ¡Y qué chiquito! Parece mentira que luego se haga tan grande.

— Crecen como nosotros, hija mía.

— ¡Papá, por Dios! ¡Como nosotros!

— Bueno, ya me entiendes. Quise decir que todos los animales nacen pequeñitos y luego se desarrollan.

Tras esta breve y atinada lección de historia natural, continúa el paseo. Y ahora digámonos sinceramente que esta admiración es de más bajo vuelo que la que sobrecoge a los paletos en Madrid. Al fin y al cabo, quedarse mirando la puerta de Alcalá, la bola de Gobernación o la parada de Palacio, es una acción más importante que pararse a mirar una vaca que marcha con su ternerito. La desventaja para los madrileños es evidente, si se piensa no sólo en el objeto admirado sino en que los pobres aldeanos llegan a Madrid encogiditos, temerosos, conscientes de su inferioridad, y nosotros vamos al pueblo a darnos tono.

La serie de sorpresas es inacabable. Llega el matrimonio madrileño y señoril.

— Tomaremos una muchacha del pueblo –dice la señora.
— Me parece muy bien.

Se hacen las pesquisas y llega la muchacha. Humilde, delgadita, poquita cosa.

— ¿Cuánto quiere usted ganar?
— Diez duros.
— ¿Eh?
— Cincuenta pesetas –dice la muchacha, que por lo visto está fuerte en contabilidad.
— ¡De ninguna manera! ¡Qué exageración! Puede usted retirarse. ¡No faltaba más! ¡Teníamos en Madrid una criada excelente por siete duros!

La chica se va en silencio. A los pocos días, el matrimonio, desesperado, acaba por contratar en nueve duros a una muchachota basta y regularmente sucia, que no sabe más que lavar a fuerza de puños; pero ignora otras artes domésticas. La señora decide meterse en la cocina y guisar personalmente.

Transcurre una semana, y la muchacha interpela bruscamente a la señorita:

— Señora, me voy.
— ¿Cómo? ¿Qué dice usted?
— Que me voy.
— Pero..., ¿no está usted contenta?
— No, señora.

Por pura educación deja la dama de estampar la jarra del agua en la cabezota de aquella mujer. Y aún desciende a inquirir:

— Pero, explíquese...
— Pues francamente. Ayer hemos comido arroz con bacalao y luego un filete, anteayer tomamos cocido y tortilla, el jueves, judías y otra vez filete...
— Bien, ¿y qué? ¿No es bastante?
— Como bastante..., no digo que no. Pero si he de comer lo mismo que en mi casa, bien me estoy en mi casa. Yo creí que los señores comían mejor.

La indignación no deja lugar a la réplica de la señora, y la muchacha se va tranquilamente.

Vengamos, pues, a cuentas, y aquí entre nosotros confesemos: si los madrileños van a la Sierra, se dejan sacar los cuartos que es un gusto y se admiran de lo más sencillo y natural, ¿no hacen precisamente lo mismo que los aldeanos cuando vienen a Madrid? ¡Dura lección de la realidad! Pasarse la vida riéndose de los paletos, para acabar haciendo el paleto en grande, ¿no indica que «paleto» es, por lo menos, un término relativo, y que el refrán «donde las dan las toman» tiene actualidad permanente?

30 de julio de 1929

POR LOS QUE TIENEN DOCE AÑOS

Parece que hemos penetrado en un ciclo de novelas de la guerra, todas ellas del mismo carácter. Acaso convenga examinar este suceso literario, más que por el valor que tenga en sí mismo, por el estado de espíritu que descubre y por lo que aclara muchas posiciones.

Tras el libro de Remarque, ha corrido, por España al menos, una novela titulada *Los que teníamos doce años*. Ahora se anuncia en París la publicación de *¡Guerra!*, otra novela alemana, de la cual ya han adelantado los periódicos franceses algún capítulo. Suponemos que, a no tardar, la veremos por aquí. Por lo que conocemos de ella, se parece a *Sin novedad en el frente*. Lo probable de todos modos es que sea peor. Porque después del éxito de Remarque, lo que adviene es una industrialización, esto es, la explotación por las empresas editoras o los autores de esa vaga sentimentalidad difusa, tan parecida al miedo, que le ha llenado los bolsillos de marcos al novel autor alemán.

Sólo por este motivo industrial se explica la traducción y propaganda de libros, como *Los que teníamos doce años*. Quiere ser este volumen la pintura de la vida interior del país durante la guerra. Después de la lectura de aquel hacinamiento de groseras salacidades, se advierte que el retrato no puede ser el de un pueblo. Es la confesión de bajas intimidades, que por lo visto ha llegado la hora de ostentar.

Lo más curioso es que todo eso se califica de «humano» por excelencia, con exclusión de todas las demás cosas humanas. De esta manera nos encontramos, a través de esa literatura, con que lo humano en la guerra es tener miedo, hallarse oprimido por deseos bárbaros, sacrificarlo todo a las exigencias de un egoísmo material, tan material y falto de móviles superiores que llega a proporcionar una indiferencia pasiva ante el peligro y a infundir en el ánimo un deseo de morir por descansar.

Guiados por la misma luz de estos «historiadores» de la generación que luchó, vemos el revés del tapiz y nos maravillamos de su traza groserísima. Domina en la gente un egoísmo animal, y en realidad se animaliza todo el concepto de la existencia humana. Lo importante es saciar el apetito, sea de la clase que sea. En el frente, y a espaldas del frente, se ha perdido el sentido moral. Si allí el soldado se dice íntimamente que ha perdido el honor y no le importa, aquí domina la traición y los lazos familiares se relajan. Mientras el hombre pierde la dignidad, la mujer pierde la virtud.

Y ahora, después de esa visión de pesadilla, hagamos un esfuerzo por salir de las tinieblas y librarnos de esos tentáculos que nos quieren apresar desde lo profundo. Advirtamos que se nos muestra tan sólo un lado de la humanidad de esos hombres y esas mujeres que es la nuestra misma, con sus caídas, cierto; pero también con su esfuerzo constante por la elevación. Nada grande puede realizarse en la vida, ni tan siquiera un monstruoso error, si el punto de apoyo no reside en las facultades superiores del alma.

Mas parece, como indicábamos antes, que ha llegado la hora propicia para los que no tienen reparo en confesar todas sus vergüenzas, vergüenzas que nada nuevo nos descubren, porque conocemos su existencia en el hombre como indispensable secuela de su naturaleza misma, y sabemos que hay una moral, una dignidad humana, un respeto de sí mismo y del prójimo, que veda la exhibición de tristezas y suciedades íntimas que impone su olvido, su dominación por la voluntad.

Desconsolador resulta que los autores de libros como *Los que teníamos doce años* puedan encontrar aplauso en sector alguno. No es de nuestra incumbencia la investigación de las causas de ese fenómeno. Lo único que podemos deducir de la experiencia literaria es que no se trata en realidad de un fenómeno nuevo, sino de la reproducción en forma más aguda del hecho ya conocido, por el cual hay una inclinación en la gente a aplaudir aquello que en cierto modo contradice su propia conducta en la vida.

De todos modos, es preciso tener cuidado y no dejarse arrastrar ni un solo instante por la corriente. No faltan en el seno de la sociedad los que quieren destruir las propias raíces en que la sociedad se funda. El ejemplo que esos libros presentan como un espejo de la vida puede influir perniciosamente en la juventud, llevarla a la exaltación de sus miserias y al desprecio de lo más respetable. Quisiéramos que nuestros lectores no se dejasen arrastrar ni un solo momento por el vendaval del literario prestigio, que tal vez llevará más de un libro de esos a los hogares. Es preciso reaccionar. Frente a un concepto, otro. Frente a una visión de la vida otra. Frente a una crítica que piensa mirar objetivamente a la obra y en realidad lleva consigo los peores prejuicios que se pueden llevar, que son hasta la fecha los conocidos con el nombre de «libertad de prejuicios», otra que no se avergüenza, por más humilde que sea su posición, de proclamar sus principios morales y su deseo de salvarlos por encima de todo. No es bueno, no es bello el libro inmoral.

11 de octubre de 1929

LOS ANIMALES DOMÉSTICOS DE *EL QUIJOTE*

Nos proponemos hacer desfilar por aquí los animales domésticos que aparecen en *El Quijote*. La maravillosa pluma de Cervantes supo pintar algunos de ellos con tal viveza y realidad, que podemos contemplarlos hoy como si todavía vivieran. Rocinante es tan conocido como el propio caballero de la Mancha que lo montó un día. Y ya el mismo Cervantes advirtió que no se podía concebir a Sancho sin el rucio. Empecemos, pues, por estos dos históricos animales, luego daremos un vistazo al resto de la fauna quijotesca.

ROCINANTE

Del caballo de don Quijote tenemos una escueta descripción en el primer capítulo de la obra: «tenía más cuartos que un real y más tachas que el caballo de Gonela». Pero la imaginación del caballero andante todo lo sublimaba y embellecía. Para él su caballo era «la mejor pieza que comía pan en el mundo». Tal dijo al llegar a la venta, donde fue armado caballero, aunque el historiador pone interés en hacer constar que su opinión no fue compartida por los circunstantes.

Por no dar a las apreciaciones subjetivas más valor del que en realidad tienen, observemos algunos rasgos de la vida de Rocinante, que acabarán de darnos una idea apropiada de él. Todo lo que se sabe de este importantísimo caballo conviene en un solo punto: era de mansedumbre y morigeración especiales y jamás se le conocieron gallardías. Donde más alcanzó fue a tomar «un trotillo algo picadillo» en la malaventurada aventura de los yagüeses. En cambio, cuando los galeotes apedrearon a su libertador, Rocinante «no hacía más caso de la espuela que si fuera hecho de bronce». En la ocasión aquella en que el diablo de las vejigas que acompañaba el carro de las Cortes de la Muerte, le trató con desconsideración jovial «tomando el freno entre los dientes dio a correr por el campo con más ligereza que jamás prometieron los huesos de la anotomía». Pero, al fin, el desgraciado cayó al suelo, «ordinario fin y paradero de las lozanías de Rocinante y de sus atrevimientos».

En cuanto a sus morigeradas costumbres, señaladas más de una vez en *El Quijote*, valga como resumen esta frase de Sancho Panza, dirigida al caballero del verde gabán: es «el caballo más honesto y bien mirado del mundo».

EL RUCIO

Los méritos del asno de Sancho Panza hay que deducirlos de la estima profunda que su amo le tenía. No se nos detallan los rasgos característicos de este interesante animal. Se sabe que cuando recibía algún golpe, Sancho hubiera preferido que se lo dieran a él en las niñas de sus ojos; que cuando el malvado de Ginés de Pasamonte lo robó hizo el escudero lamentaciones tan sentidas que de no registrarlas la historia no hubiera puesto el autor cosa buena en ella; que en más de una ocasión lo besó y abrazó Sancho con tal extremo, como si fuera una persona y después del breve gobierno de la ínsula Barataria se reunió con él y por su compañía le pareció que regresaba a los días más dichosos de su existencia. Por último, poseemos un término de comparación que algo vale. Sancho, en su charla con Tomé Cecial, el escudero del Bosque, dijo del rucio: «Vale dos veces más que el caballo de mi amo».

Si esto no se considera mucho, piénsese en la diferencia de categorías. Un mal caballo debe ser siempre superior a un buen burro; ¡qué méritos no tendrá pues, el burro, de quien se pueda decir que vale dos veces más que un caballo!

OTROS CABALLOS

En el extremo opuesto a Rocinante, y por aquello de que los extremos se tocan, está situado el caballo que montó el bachiller Sansón Carrasco cuando le dio la mala idea de meterse a redentor y salir vestido de espejos a desafiar a don Quijote, por lo cual la historia, no sólo le recuerda como caballero del Bosque, sino como caballero de los Espejos. El caballo que llevó consigo para realizar su benéfico propósito, «no era ni más ligero ni de mejor parecer que Rocinante».

Pero no se crea que todos los caballos de *El Quijote* son de esa estampa y de esos recursos. El duque montaba «un hermoso caballo». La duquesa iba «sobre un palafrén o hacanea blanquísima adornada de guarniciones verdes y con un sillón de plata». El lacayo Tosilos, en aquella descomunal liza que iba a tener con el ingenioso hidalgo, apareció sobre un caballo que «mostraba ser frisón, ancho y de color tordillo» y «de cada mano y pie le pendía una arroba de lana». Roque Guinart, el bandido generoso, montaba «un poderoso caballo».

Y en cuanto a yeguas, no olvidemos aquella de tan buena estampa sobre la que iba caballero el del Verde Gabán; las «doce hermosísimas yeguas con ricos y vistosos jaeces de campo» en que montaban los doce labradores que aparecieron en la pradera donde iban a celebrarse las bodas de Camacho y las «señoras facas», con las que le vino tan a punto de holgarse a Rocinante y que causaron aquella tempestad de golpes que los desalmados yangüeses dieron a caballero y escudero.

Por último –y por respeto a don Quijote–, citaremos aquí la bestia que montaba el pobre barbero que, para cubrirse de la lluvia, se puso en la cabeza el yelmo de Mambrino o la bacia de ajófar que, hoy por hoy, no está resuelta aún esta cuestión obscura. No lo es menos la del género de caballería que montaba el barbero. Según don Quijote, era un «caballo rucio rodado». Según su escudero, era un «asno pardo». La sabiduría práctica de Sancho Panza acabó por describirlo como «caballo rucio rodado que parece asno pardo».

Con lo cual, se demuestra que las cosas son tal vez en su esencia como las ve la altísima imaginación del caballero, aunque la apariencia sea la que advierten los ojos de Sancho.

MULOS Y MULAS

De estos animales forzudos y útiles, salen muchos en *El Quijote*. No es de extrañar, porque aparecen en la novela muchas graves personas que gustaban de tan reposada caballería y aun algunas, como canónigos y reverendos, la estimaban más propia de su dignidad y modestia.

Tenemos, en primer lugar, la mula del vizcaíno que sostuvo con el manchego aquel estupendo combate. Bien hacía el vizcaíno en no fiarse de ella, porque «era de las malas de alquiler». En cambio, el arriero de Arévalo, de quien Cide Hamete hace particular mención porque lo conocía muy bien y aun quieren decir que era algo pariente suyo, llevaba doce mulos «lucios, gordos y famosos».

Mulas de tranquilo andar montaban los dos frailes benitos; uno de los encamisados que acompañaban al cuerpo muerto en la espantable aventura de este nombre, iba sobre una «mula asombradiza».

El carro de las Cortes de la Muerte iba tirado por mulas, como también eran estos robustos animales los que tiraban del carro de los leones de Su Majestad, desafiados por don Quijote con valor sin medida y sin igual denuedo.

ASNOS

Ya se ha hecho la debida mención del de Sancho Panza y de aquel otro asno pardo o caballo rucio rodado del barbero. Pero no pueden olvidarse aquí tres borricas que toman parte en una de las más sensacionales aventuras de la historia. Son las que montaban las tres labradoras, o si se quiere, Dulcinea y sus dos doncellas. Aparecen en carne y hueso en las afueras del Toboso, y luego tienen otra aparición en el campo ideal y misterioso de los subterráneos de la cueva de Montesinos.

Y ya que hablamos de esta cueva, no olvidemos tampoco la «pollina preñada cuya albarda cubría un gayado tapete o arpillera», y en la cual acompañó a don Quijote el guía que le dieron en las bodas de Basilio para que le llevase hasta la misma boca de la gruta, como hizo con toda puntualidad.

BUEYES

De los más famosos bueyes que salen en *El Quijote* son los que tiraban de la jaula donde el caballero fue encantado hasta su lugar. Contrastaba su pesadez y su lentitud con el vuelo de la imaginación del hidalgo, que iba llena de bríos y acometividad por los espacios dilatados a posarse en el reino Micomicón de Etiopía, cuya hermosa princesa tenía que libertar de las garras del desaforado gigante. Entretanto, los bueyes caminaban con mansedumbre por tierra castellana, al compás de los chirridos de la vieja carreta sobre la cual se bamboleaba el monstruoso jaulón.

De otro tipo más arrogante eran los muchos bueyes que con la cornamenta florida tiraban de los carros de los encantadores que llevaban la falsa Dulcinea imaginada por los duques. Cuatro bueyes poderosos tiraban de cada uno de los carros, fuerza precisa para arrastrar alguno de ellos, que, como el de Merlín, era portentoso de grande, tal como pedía la enorme pesadumbre de aquel que, según cuentan las historias, tuvo por su padre al mismo diablo.

OVEJAS Y CARNEROS

Dos rebaños de ovejas y cameros aparecen en un momento culminante de *El Quijote*. No se sabe el número exacto de cabezas; pero muchas debían de ser, cuando el manchego pudo pensar que uno de ellos era el ejército de Alifanfarón de Trapobana, y el otro, el de Pentapolín del arremangado brazo. Entre aquella polvareda, don Quijote vio a muchos caballeros, que fue designando por sus nombres y descubriendo con todos sus atributos. Sancho no oyó más que muchos balidos de ovejas y carneros, lo cual denota también que el número era grande.

El hidalgo, firme en su maniática visión, arremetió con los que creía que eran ejércitos. Fue lástima para él, porque de una pedrada le quitaron los pastores todas las muelas de un lado de la boca. Pero fue lástima también para las ovejas, porque «mató más de siete», sin que se haya podido saber hasta ahora si ese «más» se extendió a crecido número o quedó poco más allá del que se señala.

CABRAS

Se hace referencia a ellas al hablar de los cabreros que tan hospitalariamente acogieron a don Quijote y a los que este pagó con un hermoso discurso sobre los tiempos dichosos a que los antiguos dieron nombre de dorados. Pero el animal de esta clase que sale en el libro, completamente destacado, es la cabra que apareció huyendo del letrado pastor y se presentó en la pradera donde descansaban el cura y el canónigo con el encantado don Quijote. Era «una hermosa cabra, toda la piel manchada de negro, blanco y pardo».

CERDOS

Terminaremos estas breves notas con la mención de estos sabrosos y puercos animales. Ya hacia el final de la insigne novela, salen «más de seiscientos cerdos» de una vez. Era una manada inmensa que atropelló al pobre de don Quijote, ya en el ocaso de su vida de aventuras. Fue el último escalón de su caída. Los pies de aquellos animales inmundos pisotearon la humanidad de don Quijote, y todas sus altas caballerías vinieron a dar tan bajo como ya no podía ser más. Seiscientos cerdos pasaron por encima.

22 de mayo de 1930

UN REVOLUCIONARIO VENDIDO

Uno de los puntos más discutidos por los historiadores de la Revolución francesa es el de la venalidad de Dantón. ¿Se vendía el famoso caudillo revolucionario? O, de otra manera, ¿contaba con el apoyo económico de personas interesadas en conducir el movimiento hasta el punto que creían a propósito para sus intereses o sus ambiciones?

En realidad, el problema no lo es hoy sino para aquellos que en su afán de erigir en dioses a los jefes de la Revolución francesa cierran los ojos a pruebas evidentes. Es mucho más difícil explicar la vida de Dantón, suponiéndolo austero e insobornable que pronto a aceptar «auxilios» de los interesados por algún estilo en derribar al rey.

La figura de Dantón se amolda a los rasgos físicos y morales que más comúnmente se atribuyen al prototipo del hombre venal. Audaz, voluminoso y desbordante, aficionado a los placeres de la mesa, mujeriego, fácil de palabra, sin base fundamental de formación, el caudillo no ganaba apenas dinero con la abogacía, y en cambio lo gastaba abundantemente. ¿Cuál era su fuente de ingresos? Se desconoce en absoluto. En cambio, toda su conducta inclina a creer que este hombre, que no sabía privarse del placer y que amaba tanto la agitación y la popularidad como la vida regalada, no había de tener inconveniente alguno, de orden moral, que oponer a quienes quisiesen prestarle ayuda económica por suponer que su actuación los beneficiaba.

Hasta aquí lo que inducen a aceptar en principio la psicología y la lógica. Veamos ahora las pruebas documentales o los hechos históricos en que se puede basar la afirmación. Tres fuentes principales señalan al dinero del caudillo: la Corte, el duque de Orléans y el ministro Montmorin. La Corte, con objeto de que el jefe de las turbas utilizase un día su influencia y su poder en fabricar un escudo para las personas reales. Esa era la acción del miedo. El duque de Orléans, para que el caudillo llevase hacia aquella ilustre casa las aguas del movimiento revolucionario y brindase como solución al pueblo la caída de un rey al que llamaban perjuro y la sustitución por otro que se esforzaba en formar a su alrededor una aureola liberal. Por último, el ministro Montmorin pretendía solamente salvarse de un ataque general que envolvía a sus compañeros de gabinete, como una amenazante marea. Era la política de trastienda y de bajo vuelo.

Nada más natural que saliesen en busca del jefe revolucionario para contener de algún modo sus iras, el miedo, la ambición y el politiqueo. La lógica sigue diciéndonos que no sólo Dantón era hombre para recibir proposiciones de cierta clase, sino que forzosamente había quien tenía que pensar en hacérselas. Confirma de manera documental el primero de los sobornos citados una carta particular de Mirabeau, fechada el 10 de marzo de 1791, en la cual este le dice a un amigo: «Dantón ha recibido ayer 30.000 libras de la Corte» (se refiere a libras tornesas; la cantidad en nuestra moneda de hoy es algo menos de seis mil duros), y seguido se queja de la inocencia suicida de los sobornadores. El dato tiene mucho valor, porque Mirabeau no lo escribe para la publicidad, y por otra parte hay en el tono algo de celos; el gran orador había recibido de las arcas reales cosa de un millón de libras y no creía necesitar ninguna ayuda para servir a la Corte y contener a la revolución.

En el caso del duque de Orléans la prueba puede ser menos concluyente..., o infinitamente, según se estime. A Orléans lo señala la *vox populi* como el hombre que está detrás de Dantón. A

Dantón, puede afirmarse que no se le considera representante de su distrito, sino representante de Orléans. Cada vez que en los franciscanos hay alteraciones del orden y los secuaces de Dantón se levantan, se ven entre las turbas personajes misteriosos que reparten armas nuevas, bolsas de dinero, o jarros de vino, según conviene. No es difícil reconocer en ellos a servidores de la casa de Orléans. El dinero de este se halla siempre tras las anchas espaldas del caudillo revolucionario.

Por último, el caso concreto de Montmorin tiene menos interés. Dantón llevó en este asunto su audacia al extremo de exceptuar al ministro en un rudísimo ataque que dirigió a todo el Gobierno como delegado popular admitido a hablar en la Asamblea. Hubo sus murmuraciones porque todo el mundo hablaba del dinero de Montmorin que Dantón recibía. El futuro ministro de la Revolución salió del paso en esta y en otras muchas ocasiones, subiendo a la tribuna del club y pronunciando un violentísimo discurso lleno de injurias al rey. Este fue, por bastante tiempo, el recurso que Dantón usaba para corregir vigorosamente las declinaciones de su popularidad. Entretanto adquiría fincas y más fincas en Arcis-sur-Aube, su pueblo natal. Y entregado a la propaganda revolucionaria no ganaba con sus pleitos ni para comer.

Este es, a grandes rasgos, el estado histórico del problema de la venalidad de Dantón. La mayoría de los tratadistas la estiman más que suficientemente demostrada. Claro que esto no afecta sino a la fisonomía moral del tribuno. Los sobornadores no consiguieron detener el carro de la Revolución en el punto que querían. La guillotina no perdonó ni las cobardes adulaciones de Felipe. Igualdad. ¿Qué mucho si Dantón mismo se encontró un día con que la oposición de un dique al furioso oleaje tampoco era cosa posible para él?

28 de octubre de 1930

SINFONÍA PASTORAL
UNA GRAN NOVELA DE PALACIO VALDÉS

Palacio Valdés acaba de lanzar al público una novela ejemplar. Toda ella es un magnífico ejemplo en el orden literario, en el orden moral, en el orden personal.

Empezando por este último, nada más digno de alabanza y admiración que el caso del anciano novelista que no interrumpe su trabajo y que sabe extraer de su experiencia de la vida y del mundo, lo más sereno, lo más fresco y lo más jugoso. *Sinfonía pastoral*, como la obra se titula, respira nobleza de alma, magnanimidad de corazón, sanidad absoluta. Desde la cumbre de la vida contempla el anciano las cosas y las personas y tiene de todo la visión más benévola y para todos el consejo más útil. Ni una gota de amargura, ni un instante de pesimismo, ni esa lucha estéril e impía del hombre, contra los años que le blanquean la cabeza. Palacio Valdés se nos aparece a través de su obra como un anciano alegre, amable, lleno de prudencia, grande y excelente consejero. Nada en lo humano merece mayor veneración.

Y pasemos a la obra en sí. La hemos calificado de buena en todos los órdenes. Por su fondo eminentemente sano; por su forma pulcra, graciosa y viva. Un asunto leve y sencillo. Esto era, una muchacha, Angelina, hija de un hombre adinerado, que podía permitirle a su hija todos los gustos y todos los caprichos. Angelina crecía endeble, mimosa, ingrávida, como una princesita de los cuentos. Su salud era precaria. La menor contrariedad le producía ataques nerviosos que la quebrantaban mucho. Todos en la casa eran a velar por ella, a evitarle los roces más mínimos con la realidad para que aquella naturaleza endeble no se perjudicase.

El problema, sin embargo, era casi insoluble. Angelina, pese a la bondad de su carácter, se hacía cada vez más difícil, sufría cada vez más y, consecuentemente, se perjudicaba. En este momento, su padre tuvo la fortuna de encontrar el consejero que necesitaba: un médico del espíritu, no un médico del cuerpo. Palacio Valdés personifica este consejero en una figura gloriosa: fray Ceferino González. Y la receta del insigne filósofo es breve y terminante: Angelina necesita «pobreza y trabajo».

El padre, hombre enérgico, comprende que el cardenal tiene razón. Y se dispone a un remedio heroico. Finge la ruina total de su fortuna, y manda a su hija al campo con un hermano pobre a que haga la vida de las muchachas de la aldea. Angelina se transforma y encuentra en el campo la curación de sus males. La niña mimada se torna en campesina robusta y fresca. Para siempre más terminaron los caprichos y los ataques de nervios.

En la realización de este sencillo argumento pone Palacio Valdés todo su arte de gran novelista. Cuantas veces tuvimos ocasión, trazamos en estas columnas el esquema de las cualidades que hacen de don Armando el príncipe de nuestros actuales novelistas. Y son: primera, que las comprende y anima a todas, el arte de narrar. Palacio Valdés tiene ese don. Cuenta maravillosamente, sin esfuerzo, con gran sencillez y amenidad. Se figura uno verle con su barba blanca y sus alegres ojos, contando tantas cosas bonitas como sabe contar un anciano de talento para quien la vida ha sido fecunda en experiencias provechosas. La narración sale de sus labios con fluidez. Un interés tranquilo y profundo se desprende de sus palabras. Nada de febril ansiedad; pero tampoco un instante de decaimiento. En la manera de empezar, en la escena, que primeramente traza, en el ademán sencillo del narrador que se dispone a decirnos lo que sabe, está ya el secreto del triunfo de la novela. Le seguiremos sin fatiga. Ni nos causará decepción, ni disgusto. Al final habrá en los labios una sonrisa y en los ojos una emoción tierna.

Humorismo y ternura son efectivamente las dos condiciones principales del estilo narrativo de Palacio Valdés. Y es un humorista tan excelente, tan auténtico que la ternura es inseparable de él. Así son los verdaderos humoristas. Hay una gracia espontánea, zumbona, netamente asturiana, si se nos permite la expresión, en este novelista. Sabe despertar la alegría con una palabra, inspira la risa franca con una escena tan vivamente pintada que el análisis no nos revela un sólo punto de apoyo para la hilaridad. Es la escena toda, su conjunto, su dinamismo y movilidad, la combinación de sus elementos lo que tiene una gracia profunda Si tuviéramos que poner un ejemplo, el salto de Pin de Fontbermeya en esta *Sinfonía pastoral* vendría muy bien al caso.

En cuanto a la ternura se advierte sobre todo en la pintura de tipos de niño y de mujer. Ya es un tópico decir que Palacio Valdés pinta genialmente los tipos femeninos. En cada novela suya hay una galería extraordinaria de tipos de mujer exquisitamente dibujados. Aquí no es sólo Angelina la protagonista, es Griselda, es Carmela..., son todas. La tradicional complicación del tipo femenino en literatura no parece existir para Palacio Valdés. El análisis nos llevaría muy lejos. Pero la impresión no deja lugar a dudas. Las mujeres que nos presenta el insigne novelista son lo más vivo y lo más humano de su obra, tan viva y tan humana toda ella.

En cuanto al ambiente Palacio Valdés vuelve en esta ocasión a las aldeas de Asturias, al paisaje de aquella verde región que tantos éxitos le ha proporcionado. Habla de lo que conoce y todo tiene una íntima vibración de naturaleza vigorosa y potente. El novelista ha captado los elementos que necesita para su pintura y nada falta en el cuadro que a nuestros ojos se desarrolla.

Queda juzgada la novela en el terreno moral. Es poco decir que nada se contiene en ella contrario a la moral cristiana. Porque lo que Palacio Valdés nos da es una gran lección de moral. Nuestro público lo sabe por el capítulo que publicamos el domingo y que es el eje de la obra. Por boca de Fray Ceferino González –gran figura que Palacio Valdés evoca con suprema discreción y que preside toda la novela sin aparecer en ella más que una vez– el novelista nos da su consejo que es este: está bien cuidar el cuerpo en cuanto templo del alma; nunca someter las exigencias y necesidades del espíritu, la salvación misma, al cuidado de la salud corporal.

Nos sentimos satisfechos y orgullosos de poder escribir este elogio rápido de la última novela de Palacio Valdés. Mejor dicho; de la última..., por ahora. Sigamos el consejo de un glorioso Pontífice y no pongamos límites a la gracia de Dios.

14 de enero de 1931

EL GOBIERNO DE LAS MUJERES.
UNA NUEVA OBRA DE
DON ARMANDO PALACIO VALDÉS

Apenas si la aparición de un libro de Palacio Valdés pide otra cosa que la noticia. Llegado el patriarca de nuestras letras a la cima de la reputación más envidiable, decir «libro de Palacio Valdés», equivale a anunciar a los lectores un regalo del espíritu.

Convienen, como es lógico, estas afirmaciones a *El Gobierno de las mujeres*, la nueva obra del insigne novelista. Vuelve en ella don Armando a una teoría que le es cara y que ha defendido con su gracia habitual y con su finura de espíritu en aquellos *Papeles del doctor Angélico*, tan llenos de nobles inquietudes, de preocupaciones elevadas, y de pequeñas obras maestras, alguna de las cuales ha de figurar al lado de lo mejor entre lo mejor de Palacio Valdés. La teoría no tiene nada de particular, y en el fondo de su corazón puede que le conceda su asentimiento la numerosa talange de los hombres casados. Es esta: las verdaderas dotes de gobierno es la mujer quien las tiene; ella ha nacido para mandar, para dirigir, para la contienda diplomática. En una sola frase, la mujer viene al mundo singularmente dotada por Dios de sentido político. Las amabilísimas zarandajas de la poesía, la minuciosidad, el espíritu casero, etc., no son otra cosa que invenciones masculinas. Realmente, el verdadero don de tener una casa limpia y en orden, es al hombre a quien pertenece. Benavente, a ratos partidario de esta teoría, nos ha ofrecido un ejemplo que pesa mucho; no hay hogares más en orden y más limpios, que un convento de frailes o un barco de guerra, donde no interviene para nada una mujer. Aún podría añadirse que «la cocina», meta que suele señalarse a las mujeres en cuanto es verdaderamente una cocina digna de este nombre pasa a los dominios masculinos. La sociedad ha fallado ya esta parte importantísima del pleito: guisar es cosa de hombres; las labores delicadas de costura, cosa de hombres también, la parte más fina y complicada de la repostería, cosa de hombres.

Désele a esto el valor probativo que se quiera, don Armando apenas si lo toca esta vez. Ahora ha buscado una prueba histórica de altura. Su libro es una galería de mujeres ilustres que han gobernado indiscutiblemente bien y va desde Isabel la Católica, a quien ya nadie niega excepcional talento político, hasta doña María Cristina de Habsburgo, que fue reina regente de España. Semblanzas rápidas, clarísimas, amenas, rebosantes de espiritualidad. El don de narrar bien parece que se le aumenta a Palacio Valdés con los años. Realmente, ese don fue siempre cosa perteneciente a los ancianos con talento. Palacio Valdés que lo poseyó toda su vida en excelente grado le ha sabido dar en sus últimas obras un matiz de tan honda simpatía que arrastra al lector, le encanta y le seduce.

Va teniendo don Armando esa legítima coquetería de la edad, en su segundo periodo. El primero es el de resistencia al hecho inevitable; el segundo, es el de una satisfecha aceptación. «Tengo setenta y ocho años», dice don Armando, con una sonrisa abierta sobre la nieve de la barba. Y eso quiere decir, y es legítimo que quiera decirlo: «vean ustedes qué bien estoy, cuán despejada conservo mi inteligencia y qué ágilmente hago correr la pluma». Y también: «óiganme ustedes que tengo muchas cosas que decir y vale la pena escucharme».

Toda la razón está con el ilustre anciano. Ha sabido conservar lo digno de conservarse, se ha ido haciendo cada vez más humano y más comprensivo: la ternura que siempre hubo en su buen humor de asturiano se ha dulcificado aún, se ha hecho más amigo de los niños y de los débiles, se ha orientado más decididamente hacia la mujer, no juguete, sino madre del hombre.

Sus narraciones de *El Gobierno de las mujeres* no pretenden ser una novedad histórica, sino una semblanza bien contada, una galería de la que podamos mostrarnos orgullosos los españoles.

El insigne escritor ha conseguido plenamente sus fines. La nobleza de las páginas que dedica a María Cristina, hablan muy alto de que su espíritu está sano y entero. Dios le conserve la energía y la salud para regalo y honra de sus contemporáneos.

13 de diciembre de 1931

MOSÉN ALCOVER

Nada de don Antonio María Alcover y Sureda. En Cataluña se decía solamente «Mosén Alcover», con familiar respeto. Y se decía mucho. En Cataluña, y en Valencia y en Baleares y dondequiera que hubiese traza o resto del habla catalana y del espíritu catalán.

Hombre cultísimo, y, sobre todo experto filólogo, Mosén Alcover era una de las figuras sobresalientes de Mallorca, tan rica en hijos ilustres. Toda su vida gira en torno de aquella isla luminosa. Nacido en 1862 en Manacor, estudió en el seminario de Palma y llegó después a profesor del mismo. Inteligencia vasta y robustísima, y temperamento brioso, pronto se distinguió en todas las disciplinas que cultivaba, y su fama se extendió por todo el país.

Hay en él tres aspectos que, siquiera de un modo rápido, tenemos que examinar en este momento triste en que Mosén Alcover desaparece de entre los vivos: era un periodista, un poeta y un filólogo.

Como periodista, Mosén Alcover era una pluma formidable. Adalid del tradicionalismo, sintiendo hondamente sus ideas y poseído de aquella valentía y aquel empuje que comunican las convicciones sinceras, el sacerdote mallorquín era un polemista terrible. Colaboró en muchos periódicos, desaparecidos hoy, cuyos títulos tienen gran fuerza evocadora de otros días y de otras luchas: *El Tambor, El Centinela*, nombres guerreros, nombres de alerta, indicadores de una actitud de constante defensa del ideal. El mismo Mosén Alcover fundó otro periódico, *El Ancora*, de igual matiz tradicionalista. En todos ellos se manifestó como era: espíritu bravo, leal, pluma fácil, acerada, sin miedo, que buscaba al enemigo para atacarlo, que no se dejaba engañar por superficialidades, ni pedantes modernismos. Lo primero que escribió fue precisamente un «poema» contra los «sabios modernos». Él era sabio sencillamente, y los sabios de un día, aunque sea del día de hoy, le sacaban de quicio.

Fuera de esta actividad, Mosén Alcover se reconcentra en el corazón y en el alma de su tierra mallorquina y lo busca en sus más preciados tesoros. Aquí aparece el poeta de su país natal, que, no sólo es el que canta con versos de mayor o menor fortuna las excelsitudes de su patria chica, sino tal vez más el que procura conocerla en su historia y en lo mejor de su espíritu. A esta noble pasión de Mosén Alcover se deben sus *Estudios sobre la Historia de Mallorca antes del siglo xiii* y sus gigantescos trabajos folklóricos recogidos en cuatro volúmenes y perdidos muchos de ellos en revistas y publicaciones diversas. Pocos como este poeta de corazón conocieron a Mallorca. Pocos como él supieron amarla.

Finalmente, la faceta más visible, y por eso tal vez la más discutida, de Mosén Alcover, es su actividad como filólogo. Hay en la labor filológica de Mosén Alcover algo que es indiscutible y que le sitúa a enorme altura: sus estudios sobre la lengua catalana. Con este fin escudriñó, viajó, investigó años y años, y fruto de estos trabajos fueron centenares de miles de papeletas, que son un monumento vivo levantado al idioma catalán. He aquí la gran obra de Mosén Alcover, sin duda no falta de errores; pero llena de voluntad y de eficacia, puesta al servicio de la ciencia y del amor a la tierra natal.

Todavía pudieran citarse de él muchas obras históricas, apologéticas, de polémica. Gran trabajador, espíritu eminentemente activo, sólo la muerte ha podido poner fin a sus actividades. Con él desaparece uno de los valores más positivos con que Mallorca se honraba.

12 de enero de 1932

GALSWORTHY, PREMIO NOBEL DE LITERATURA

Del triunvirato de grandes dramaturgos ingleses que forman Bernard Shaw, Barrie y Galsworthy el premio Nobel ha visitado esta vez al último. En su día visitó al primero. Queda fuera de la elevada distinción el ingenio sutil, el gran temperamento poético, la pluma grácil de Barrie. Parece como si el premio Nobel buscase cierta trascendencia social. Porque Galsworthy nos presenta este tipo de escritor, no raro entre los grandes literatos ingleses: el hombre en lucha con la sociedad que le rodea. Ya en tiempos, Defoe, tras pelear bravamente, se metió dentro de Robinson y se marchó a su isla, no tanto para estar a solas y tranquilo, como para arreglar después el mundo. Wilde, menos virtuoso, menospreciable como carácter, fracasó en la liza y no fue perdonado. Galsworthy es otra cosa. Con toda la formación de Oxford, es decir, muy inglés, al fin y al cabo, sabe fustigar como se debe a una sociedad que, con todos sus defectos, es una construcción compacta, admirable, llena de experiencia y de sentido práctico de la vida.

Para Juan Galsworthy, que nació en 1867, estaba preparado amorosamente un porvenir jurídico. Llevaba un apellido de hombre de leyes y debía perpetuarlo con ese carácter para no faltar abiertamente a una respetable tradición. Estudió leyes, no había más remedio, practicó en el despacho de su padre lo menos que pudo y, mientras revisaba papelotes, su imaginación abría en el armonioso edificio legal ventanas irregulares y bruscas que asomaban todas ellas a un campo de intenso dramatismo. Ante aquel servicio de la justicia y del bien no se abrían más perspectivas que las de la injusticia y el mal.

Después de viajar por el mundo y darse cuenta, como debe dársela todo hombre llamado a un porvenir en el imperio británico, de la extensión que este tiene, sentó al fin su residencia en la patria y tomó la pluma. ¿Novelista? ¿Autor dramático? Por los dos terrenos ha paseado con amplitud y con soltura; pero todos coincidimos en que el suyo propio es el segundo. La misma preocupación en uno y en otro, desde luego. Cuando un hombre adquiere una idea firme no se desprende de ella tan fácilmente. Conocía Galsworthy a las clases elevadas de su país y disparaba sobre ellas el dardo agudo de su crítica.

Hasta 1906 no logra llamar seriamente la atención pública. Está lanzando libros desde 1898. Pero esos años no son inútiles. Los necesita el propio autor para afirmarse y para encontrar su camino. Los necesita el público para enterarse bien y no dejarse seducir. Sobre todo, eso. Negarse a la seducción de lo fácil. Posición inflexible de una sociedad culta, dispuesta a recibir los alfilerazos primero, las heridas profundas después; pero de quien tiene un talento y un arte. El chasquido hueco del latiguillo, o el alboroto de una explosión sentimental, alimentada con la verbosidad de los viejos tópicos trashumantes, no merecen más que una indiferencia desdeñosa. Galsworthy trabajaba y no se le oía. Pero le estaban vigilando. Que llegasen a prestarle atención era cuenta del escritor mismo.

Y así brotó en 1906 *The silver box*. Era ya la obra que merecía ser estudiada atentamente. Y lo fue. El nombre de Galsworthy empezó entonces a escalar la fama y ahora lo consagra entre las naciones del premio Nobel, tan discutible y tan discutido como se quiera; pero que hasta hoy no ha recaído sobre ningún escritor cuya obra fuese desdeñable. Galsworthy es, además, fecundo. Desde la fecha citada, hasta la de hoy, apenas ha pasado año en el cual una comedia suya no se encarame a los escenarios ingleses. Inútil y demasiado fácil –cuestión de Enciclopedia o de *Who's Who*– sería dar la lista de todas. No dejaremos de mencionar, sin embargo, *Justice, The Pigeon, The Mob, A Family Man,*

The White Monkey, Escape, entre las más importantes, sin que nuestra relación aspire a ser completa, ni valga por otra cosa que por expresar un criterio independiente.

En el terreno literario la labor de Galsworthy es sólida, aunque menos original y sugestiva, para nuestro gusto, que la de Barrie, o la de Shaw. Hay, sin embargo, en él, un autor dramático de primera fuerza. Construye con perfección, sabe dibujar los tipos, si bien en algunas ocasiones acusa demasiadamente los rasgos y es dueño del idioma, al punto de que su traducción resulta en más de un momento verdaderamente difícil. Algunas de las cosas que los personajes de Galsworthy dicen, no pueden decirse más que en inglés.

En el terreno de las ideas no resulta aceptable con la misma extensión que lo es en el de la literatura. Como todo escritor que se propone un fin moral, corre el peligro de quien, a las veces, no muestra poseer la norma fija e invariable de la cual dimane un criterio permanente, imposible de expugnar. Hay en su obra un gran fondo de generosidad y nobleza. En tesis general, luchar contra la hipocresía, el egoísmo y la injusticia, es labor sobremanera plausible. Mas ocurre que, en ocasiones, falta la amplitud de visión, elévese a norma el caso particular, o falta ese criterio superior de que hablábamos. Es defecto que se aúna con cierta virtud fundamental del dramaturgo consistente en ver las cosas y los hombres como en un espejo. Esto conduce al espectador a una impresión varia y desconcertante, de la cual podríamos citar algún no lejano ejemplo. De aquí que mientras unos tienen a Galsworthy por un moralista, otros le confundan con un adepto del socialismo. No hay nada de esto definidamente en el dramaturgo –del hombre no hablamos– y, para nuestro criterio de católicos tiene, sobre sus méritos indiscutibles de literato, el valor de un hombre preocupado por la justicia, siquiera caiga más de una vez en el error.

12 de noviembre de 1932

EN 1933 CELEBRA ESPAÑA LOS CENTENARIOS DE PEREDA Y DE ERCILLA

Se cumplen los cien años del nacimiento del novelista y cuatrocientos del autor de *La Araucana*. Una fecha importante para la poesía épica de Europa. En el mismo año en que nacía Ercilla, moría el gran épico italiano Ludovico Ariosto. Santander prepara grandes fiestas para honrar la memoria de su novelista predilecto.

En 1833 nacía para la novela española una de las figuras más nobles y limpias, cuyo prestigio se agiganta con los años. Pereda el «montañés», el que todavía es calificado por Van Tieghem, en su reciente obra, de novelista «rural», empieza a ser considerado como una de las cumbres de nuestra novela. Para nosotros es el novelista español más perfecto, el más entero, el más armonioso del siglo pasado. Puede haber quien le supere en aspectos parciales; no hay quien llene como él un concepto claro, robusto y sincero del género novelístico.

Montañés, desde luego. No «rural». (...) montaña, para quienes comprenden con hondura el espíritu de Santander, es región de dos bellezas bravías: la roca y el mar, y de dos de sus frutos más suaves: la nieve y la espuma, que (...) cierta unidad inmaculada, y (...) orgullosa de sí misma, pudorosa (...). [FALTA TEXTO].

CALLEALTERA

La Calle Alta existía. Antes de Pereda tenía su misma vida multicolor y bulliciosa. Pero pasaban ante ella y no la sabían ver, o no la sabían descubrir al mundo. Un día Pereda cogió a su criatura bella y brava, a su limpia y hermosa Sotileza y la hizo vivir allí.

Y la Calle Alta, abierta al ruido del mar y de las voces roncas, al lamento de la (...) del pescador y al humo de la pipa del zurcidor de redes, adquirió todo un sentido inconfundible y es la espina dorsal del Santander puro, del que se juega la vida en el mar y eleva sus rezos a la Virgen en el seno irritado de la (...).

Nos hizo caer Pereda en la cuenta de todo desde que, en las primeras páginas de su libro, los chicuelos señalaban a Sotileza y le decían al padre Apolinar: «es callealta». ¿Qué querrá decir eso? Siguiendo el hilo del relato viene al fin la luminosa explicación. Sotileza ha pasado de ser una chiquilla desgarbada y huraña. La dejadez se ha vuelto ritmo firme al andar, esbeltez en la figura, elástica dureza en el movimiento y el contorno. Un gran tipo de la Calle Alta, la tal muchachuela. Pero tipo completo. Que al mismo tiempo lo que había de hosco y de huraño se ha tornado en honradez femenina, manantial de agua clara en el corazón de la (...). Hay que saber llegar por el camino derecho hasta el agua fresca. De lo contrario, se dejará uno los cascos en las aristas rocosas. En la Calle Alta son así. Así vio Pereda lo esencial de aquel hormiguero santanderino. Y no le faltó gracejo, ni agilidad para ver el detalle accesorio y también el movimiento lleno de dramatismo. Sus cuentos, sus estampas; sus cuadros breves nos dieron todo eso, que también podemos encontrar en la misma *Sotileza*. Notable gala del artista que refleja un ambiente y unos tipos. Arte singular de Pereda, que lo mismo en el campo que en el mar, en la ciudad que en los pueblecitos interiores, sorprendió al montañés, lo comprendió perfectamente y nos lo hizo comprender y amar a todos. Santander prepara grandes solemnidades para el centenario de Pereda. Bien puede.

EN LA CUMBRE

Mas de toda esta maestría de pintor realista hemos de llegar a un Pereda más profundo y más grande. Tiempo ha que en estas mismas columnas hemos declarado dónde estaba, a nuestro juicio: en *Peñas arribas*, la novela más perfecta de nuestro siglo XIX.

Recordémosla otra vez en su línea sencilla, que muchas veces la grandeza está oculta tras de esa sencillez exterior. Nada más vulgar y corriente que ese madrileño, cansado del ajetreo de la capital, que un día emprende el camino abrupto de la montaña para recluirse brevemente entre los riscos. Su psicología blanda no tarda en experimentar un sacudimiento. ¿Qué es aquel bulto pardo, movible, que parece una peña animada? ¡Un oso! El montañés tiene una risita sana y algo burlona. El madrileño un escalofrío cuando se da cuenta del peligro pasado. Y henos ya en la casona de Tablanca.

Poca cosa va a ocurrir en aquel pueblecito que las nieves aíslan. Poca cosa si atendemos a singulares incidentes, o a peripecias grandes. Pero una acción decisiva y profunda se desarrolla. La montaña asciende, o por mejor decir ocupa el rango de protagonista. Ella es la que manda y dispone; ella es la que, en cierto modo, determina. Primer efecto, que trasciende del orden físico al moral; el hombre gastado se robustece, se tonifica y ya no siente deseos de escapar de aquel ambiente para hundirse en la sima de las mediocres disipaciones del Madrid de la época. Ya la montaña se ha quedado con el hombre. Ahora va a transformarlo, a recriarlo, a hacerlo enteramente suyo. ¡Y cómo actúa entonces la mole ingente! ¡Con qué fuerza tan vigorosa y tan sana! Una de sus hijas más queridas, tostada y arrebolada en sus soles y sus nieves, será la compañera del hombre nuevo. La montaña dará sencillez, intensidad y pureza a aquel amor. La montaña lo resolverá todo.

Sin la montaña nada es concebible en *Peñas arriba*, y con ella todo es lógico y claro. La vida colectiva, con su amable patriarcalidad: las costumbres, desprovistas de toda complicación; el sentimiento religioso hondísimo, natural en quienes se encuentran de un modo tan directo en contacto con las grandes obras y los grandes prodigios del Criador... Todo concuerda admirablemente con aquella atmósfera. Así la escena de sacramentar a don Celso tiene la grandiosidad religiosa que requiere. No es que las ideas del autor lo pusieran todo en ella. Es que el autor buscó el ambiente donde aquellas manifestaciones eran propias, y las supo reflejar.

La montaña preside igualmente el desenlace de *Peñas arriba*. Los malvados que tenían el intento de perturbar la tranquilidad de la casona y del pueblecito, toman, a través de los montes, la senda tortuosa de sus esperanzas turbias. Y les sorprende la terrible tempestad de nieve. Cuando otra vez puedan ser vistos por ojos humanos, no quedará de ellos sino los helados cadáveres. De las almas habrá recibido cuenta quien al final del camino de la vida humana la recibe de todos.

Peñas arriba es la novela española de nuestro siglo XIX que, por su estrecha unidad, la altura de su vuelo y la grandeza de su desarrollo se aproxima más de cerca al tipo épico, ideal de todas las grandes novelas.

EL MAR

Hay que volver nuevamente a *Sotileza*. Es la otra gran novela perediana, la otra epopeya de Santander. La discusión sobre la primacía de ella, o de la anterior, entre todas las obras del gran novelista, no se acabará fácilmente. Para nuestra opinión personal está resuelta en favor de *Peñas arriba*. Y hay un argumento que encontramos casi decisivo. Los tipos de *Peñas arriba* están como borrados por la montaña. Acaso no sobrevivan con su nombre propio en la mente del lector más que don Celso y Neluco, que son encarnaciones de la montaña misma. En cambio, en *Sotileza* viven los tipos sobre el fondo verdinegro del mar que ruge a lo lejos, que influye en la vida; pero que en vez de ser el protagonista no es más que el coro. Ni siquiera en el bellísimo capítulo de la galerna, que figura con tanta razón en las antologías, logra el mar imponerse. Hace lo único que lógicamente puede: quedarse con Muergo que era suyo.

Pereda, ante las dos grandes fuerzas de la naturaleza que tan a menudo aparecen en sus libros –la montaña y el mar– guarda una actitud distinta: se entrega a la montaña y lucha con el mar. Es verdad que, tanto en la entrega como en la lucha, hay fervor amoroso. Un cariño pelea por dominar, otro se inclina mansamente. Mas, en Pereda, la montaña es la madre a la cual se acepta como es, se la quiere como es y se procura servirla, y la mar es la amante bravía a la cual se ama es cierto; pero hay que dominarla primero.

LO NOVELESCO

Para muchos que admiran el valor literario de Pereda en las descripciones, en la pintura de ambiente y tipos, el insigne autor no resulta suficientemente «novelesco», la acción es desmayada, los incidentes no abundan. Sostenemos que eso es un error que arranca del olvido de algunas obras características de Pereda, entre las cuales figura en primer término *La Puchera*, excelente narración animadísima, verdadera novela «novelesca» sin que por ello pierda ninguno de los rasgos que la unen a la producción total de su autor. Ha buscado este una nota sórdida en el ambiente claro de sus pueblos montañeses. Y ha dado con ella dentro de la realidad viva de aquellos pueblos, sin salirse para nada de lo que en ellos es típico.

Concedemos importancia a este punto porque estamos lejos de no estimar debidamente, siguiendo algunas modas, esa virtud del novelista, por la cual liga sus capítulos en forma que despiertan una curiosidad de seguir leyendo. Cierto que esta curiosidad puede lograrse con un recurso hondo y más legítimo que consiste en despertar interés por los personajes, a causa de la manera con que ha sabido revelarse su intimidad. Pero junto a este no es nunca un obstáculo el interés episódico despertado por el hábil relato de los incidentes.

Buen ejemplo es *La Puchera* y también *Pedro Sánchez*, otro de los grandes libros de nuestro novelista. Una excursión fuera de sus medios montañeses. Y mucho más lograda que aquella de *La Montálvez*, único error acaso en la producción de Pereda. *Pedro Sánchez* es un libro un poco amargo, un poco pesimista. En cuanto el autor se sale de su centro, no encuentra apenas otra cosa que perversión y desengaños. ¡Pero qué excelente novela y qué narración de prodigioso interés! Como aquella otra de *Don Gonzalo González de la Gonzalera*, sátira política fuerte, acaso lo más interesante del género, que, por su naturaleza misma, no da de sí más que obras pasajeras. En *Don Gonzalo* hay tanto vigor, tanto dramatismo, que la novela permanece a través del cambio de tiempos y costumbres. En pocos novelistas se aprecia una ponderación tal entre los elementos empleados que de ella resulte un todo armónico. Siendo Pereda el más elevado ejemplo de la novela realista española, hay en él por el espíritu, por las ideas, por el gusto, hasta por las características materiales de su obra, un verdadero clásico. Su momento es, en la novela, el de las grandes construcciones monumentales, el del fárrago, minucioso, y también el de la invasión del naturalismo que corrompe al buen realismo de nuestro solar y del cual apenas se libra ningún autor de los de entonces, siquiera su caída resulte momentánea y luego se levante contrito. Galdós –técnicamente hablando– se pierde en la selva de sus creaciones y las nutre hasta llevarlas a un volumen desmesurado. Pereda, no. Es la medida, el tacto. Su mismo estilo, de tan castiza cepa, sabe mantenerse en un tono equilibrado y sereno, que lo funde con la creación novelística toda. También en ese aspecto formal y en el de construcción –en el arquitectónico, que pudiéramos decir– *Peñas arriba* es un monumento inolvidable.

Basta con las ideas apuntadas para evocar en esta ocasión la figura del insigne Pereda. Podría dilatarse extensamente el examen de aspectos interesantes en una labor como la del artífice de *Sotileza* y de tantos libros imperecederos. Por lo pronto, recordemos que el 6 de febrero celebra España el centenario del nacimiento de don José María de Pereda. Desde ahora nos unimos fervorosamente a la celebración.

1 de enero de 1933

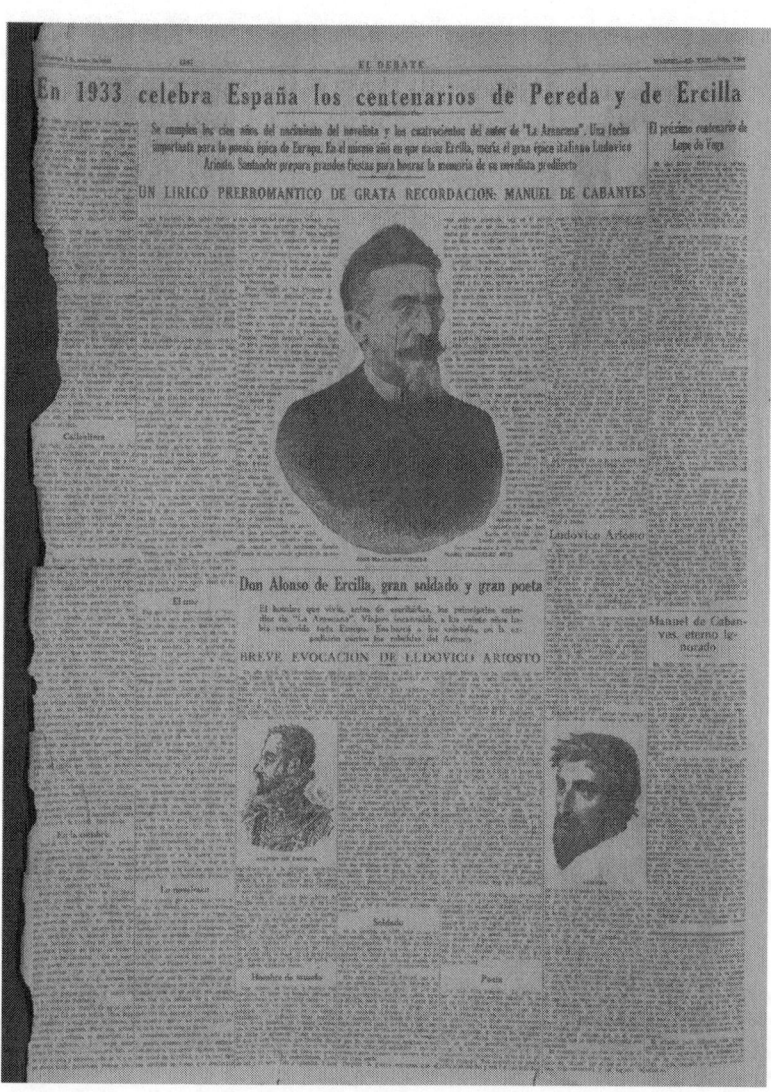

El presente texto aparece incompleto
ya que ha sido imposible recuperar el original en su totalidad.

HACIA LA UNIVERSIDAD CATÓLICA EN ESPAÑA.

CONFERENCIA DE DON ÁNGEL HERRERA EN COIMBRA

(CRÓNICA TELEFÓNICA DE NUESTRO ENVIADO ESPECIAL)

Se propone, ante todo, formar hombres que tengan ideas claras sobre lo que quieren hacer. Constará de tres Facultades: Filosofía y Teología, Ciencias del Estado y Humanidades. Ya están redactadas las ponencias.

Con un avemaría por España, rezado por el señor Obispo de Coímbra y por toda la concurrencia puesta en pie, terminó el acto de Acción Católica celebrado en la Asociación de la Democracia Cristiana, de esta ciudad. El salón estaba enteramente lleno de un público distinguido, en el que figuraban bastantes señoras, sacerdotes, profesores y alumnos de esta famosa Universidad, reunidos para escuchar la primera de las conferencias públicas del presidente de la Junta Central de Acción Católica de España, en tierras portuguesas. Presidía el señor Obispo, que tenía a su derecha al doctor José Alberto Bosch Rey, catedrático de la Facultad de Derecho de Coímbra, y a su izquierda, al doctor Diego Pacheco, catedrático de Matemáticas.

LA CRISIS MORAL, CAUSA DE LA ECONOMÍA

Abrió el acto el señor Obispo, con unas palabras breves, llenas de substancia. Tiempos son estos, dice, de crisis económica, moral y religiosa. Las dos últimas son la causa profunda de la primera. Para salvarla es necesaria la unión más perfecta de los católicos. Unión de sacerdotes entre sí y con sus prelados; unión del clero con los fieles. La cooperación de los seglares en el apostolado de la Iglesia es lo que se conoce por Acción Católica, que, si es antiquísima y ha existido en todos los tiempos, es hoy más necesaria que nunca.

Obediente a la voz del Papa, la Acción Católica se desarrolla por todos los países, y Dios depara en ellos, a veces, hombres eminentes que por su fuego arrastran a los demás. Uno de estos hombres es don Ángel Herrera, que, accediendo a la indicación de la Acción Católica portuguesa, ha querido venir a decirnos lo que se hace en esa España, tan duramente probada y que nos ha dado un gran ejemplo a todos. Baste decir, para terminar esta presentación, que el señor Herrera fundó y dirigió por muchos años *El Debate*, que es el primer periódico católico del mundo.

Los aplausos calurosos que acogieron las sentidas palabras del señor Obispo uniéronse a los que se tributan al presidente de la Junta de Acción Católica Española antes de empezar a hablar.

Con gusto hablaría en portugués –comienza diciendo el señor Herrera–, pero, ya que no puedo hacerlo así, confío en que nos entenderemos, porque hay entre nosotros un recio ligamen afectivo. En Portugal nos hallamos entre hermanos y, así como tenemos fe profunda en los destinos de España, la tenemos asimismo en los destinos de Portugal. Expone a continuación las razones por las cuales el lugar en que habla, Coímbra, la Atenas portuguesa, y el lema de que habla, «La Acción Católica», terminan de establecer sólidamente el lazo de unión que ya existe y que en el terreno religioso se hace hondamente apretado, de corazón a corazón, y de entendimiento a entendimiento. Declara que, como lema el más adecuado al lugar, hablará de la Universidad católica.

Empleamos –dice– las palabras Universidad católica en todo su significado. Universidad, en cuanto tenga todas sus facultades y grados; católica, en cuanto a que esté oficialmente reconocida por la Santa Sede. La España católica quiere esa Universidad, a la cual la Iglesia tiene derecho, y debe pertenecer a la Iglesia.

Pero ¿quiere decir esto que las Universidades oficiales españolas han dejado de ser católicas y que los católicos renuncian a ellas? De ninguna manera. Para la Universidad oficial española guardamos todo nuestro respeto y todo nuestro cariño. Es una gran institución del Estado. En ella comienzan a reverdecer los laureles que en otros tiempos cosechó. En el aspecto material, Madrid construye su gran Ciudad Universitaria y, en orden a la organización interior, la de la Facultad de Letras de la capital puede citarse como un modelo en su género.

No es que yo niegue sus defectos, que legó a nuestros Centros universitarios el liberalismo del siglo xix. El liberalismo, ciertamente, rompió la unidad del espíritu universitario, pero los católicos empujamos a nuestra juventud a que acuda a las Universidades oficiales, y es un fenómeno consolador y perceptible el de la vuelta a Cristo de muchos estudiantes y muchos profesores. Cita después el orador las líneas generales a que ha de responder la Universidad católica española, que se propone, ante todo, formar hombres, pues faltan los grandes caracteres, que necesitan ideas claras, sobre lo que quieren hacer y cuya actuación tiene que ir unida indisolublemente con la constancia.

No formaremos hombres ni en los partidos políticos, ni en el sindicato ni en la prensa. Para eso es preciso la Universidad que proyecta la Acción Católica, bajo la dirección suprema de los Metropolitanos y que tendrá, según la concebimos, una Facultad de Filosofía y Teología, una Facultad de Ciencias del Estado y una Facultad de Humanidades.

YA ESTÁN REDACTADAS LAS PONENCIAS

Tened en cuenta, dice el señor Herrera, que esto no es otra cosa que limitarnos un ideal. Organizar una Universidad no es empresa fácil. Por lo pronto, no hemos hecho más que conseguir de los Metropolitanos el permiso para estudiar cuidadosamente el proyecto, y están formadas las Comisiones y redactadas las ponencias, que los prelados tienen en su poder. Acaso entre este año y el próximo, podamos estudiar concretamente la fundación de alguna facultad, pero estamos aún en el primer período, llenos de esperanzas, eso sí, porque tenemos algo que importa mucho, y es que la Universidad católica es deseada por los católicos españoles y la idea está en todas las mentes.

No quiere el orador concluir sin dedicar unas palabras a establecer claramente el concepto de la Acción Católica, que es Independiente en absoluto y está claramente separada de la acción política. Concluye informando de que la Acción Católica española ha tomado sobre sí la conquista de la clase proletaria y que se ha creado ya un Secretariado destinado a fomentar la propaganda entre los obreros. Los hombres de Acción Católica, según idea expresada hermosamente por el Patriarca de Lisboa, son hombres de conquista. Esta es la bandera que el Papa pone en nuestras manos y, con ella levantada al viento, querrá Dios Nuestro Señor guiar el movimiento de Acción Católica, que en España y en Portugal se anuncia fecundo y prometedor.

Una larguísima salva de aplausos acogió las palabras del conferenciante. El señor Obispo de Coímbra, que une a su dignidad de Prelado el prestigio de su ancianidad y de su virtud, cerró el acto con unas palabras en las que había esta frase textual: «¡Qué utilísima la parte de la conferencia que ha establecido la distinción entre Acción Católica y acción política!». Llega el avemaría, que rezó con voz velada, y, al final, gritó con el corazón, con una espontaneidad que nunca agradeceremos bastante, un «¡Viva España!», coreado unánimemente. El señor Herrera replicó con un «¡Viva Portugal!», que todos contestamos con entusiasmo sincero.

ALOCUCIÓN A CUATROCIENTOS NIÑOS ESPAÑOLES

Llenos de la grata impresión del acto regresamos para el Colegio de Curia, donde los jesuitas españoles nos han acogido con tal abundancia de afecto y de atenciones que nos han hecho sentir como un abrazo de la patria. Educan aquí los padres de la Compañía a 400 niños españoles, a los cuales dirige el presidente de la Junta Central una sentida alocución sobre Acción Católica.

El rector del Colegio, padre Ramón Calvo, de cuya amabilidad y cordial gentileza guardaremos imperecedero recuerdo, acudió a Coímbra con otros padres y bastantes alumnos para escuchar la conferencia del señor Herrera. En ningún momento del viaje hemos sentido tan profunda como aquí la hermandad íntima de Portugal a España. Luce un sol andaluz sobre estos campos fértiles y tranquilos.

24 de noviembre de 1934

LA NAVIDAD DE LOS NIÑOS EXTRANJEROS.
SAN NICOLÁS, SANTA CLAUS, EL PADRE NOEL

Tras de su sombra benévola surgen el «Moro del Saco» y el «Pere Fouettard».

Santa Claus, personaje misterioso de la barba nevada, es un gran andarín de los tejados y escalador hábil de chimeneas. También el Padre Noel usa los mismos procedimientos para hacer acto de presencia en las casas. Otras alegrías de los niños son el árbol con sus candelitas y el pastel.

El santo Obispo Nicolás, montado en un caballo blanco, trae juguetes a los niños del Norte de Europa. En Holanda creen que San Nicolás es madrileño y los niños dirigen a Madrid sus cartas de petición. La leyenda de las tres bolsas de oro y la resurrección de las víctimas del posadero de Nicea.

Desde hace nueve siglos, San Nicolás, montado en un caballo blanco, trae juguetes para los niños buenos. Pero, ¡ah! No va solo. San Nicolás es grande y justo. Por eso le acompaña un personaje terrible, un moro disforme, que lleva a cuestas un saco vacío. Vacío permanezca, por los siglos de los siglos, porque eso indicará que los niños malos se han arrepentido a tiempo. El morazo acompaña a San Nicolás con el tremendo designio de encerrar en el saco a los niños perversos. De aquí que, en los países del Norte de Europa, donde el Santo Nicolás se ocupa de estos menesteres, la escena tenga toda la emoción de un juicio. Los niños españoles sólo se enteran de que han sido malos, cuando, al amanecer del día de Reyes, encuentran el zapato vacío, o tal vez –casos se han dado– lleno de negros pedacitos de carbón. San Nicolás, en los países que visita, hace las cosas de modo más directo. Unos aldabonazos firmes y seguros en la puerta de la casa.

— ¿Hay aquí niños malos? –dice una voz potente.

— No, santo Nicolás, aquí todos los niños son buenos.

Se percibe entonces el rumor de los juguetes dejados sobre el piso. Sabido es que el caballo blanco de San Nicolás sube y baja las escaleras, veloz y suave como el viento. Por eso cuando los niños abren la puerta, el Santo y el terrible moro que le acompaña ya se han ido. Pero los juguetes están allí como testimonio infalible de su paso.

Nadie puede extrañarse que San Nicolás lleve a cabo tan generosa labor. Es el santo de las grandes y magníficas donaciones, del amor a los pequeños y a los desvalidos. Escuchad la historia.

LA LEYENDA DE LAS TRES BOLSAS DE ORO

En la ciudad de Pátara, a orillas del Xanto, hace más de mil seiscientos años que vivía un hombre enfermo y pobre. Su vida era un dolor continuo. Los terribles aguijones de la enfermedad se unían a los del hambre y la miseria. Las tres hijas de aquel hombre, buenas e infelices muchachas que lo amaban y lo cuidaban, recorrían las calles de la ciudad de puerta en puerta.

— Una limosna para mi padre, enfermo.

Pero aquella ciudad no estaba conquistada aun enteramente por las doctrinas del divino Jesús. Muchos adoraban a los dioses paganos y no conocían la caridad. Y las hijas del enfermo regresaban al hogar frío y desnudo, sin nada que pudiese aliviar los dolores del padre. Eran hermosas. Tan buenas como hermosas. Tan cristianas como hermosas y buenas. Por eso desoían, una vez y otra, las voces del infierno que les señalaba los caminos del mal para encontrar pronto socorro. La desesperación ganaba al enfermo, cuya virtud no era muy firme. Y llegó un día en que las pobres muchachas creían cerradas todas las sendas del bien. Una nube negra parecía envolver la casa toda.

— Me abandonáis –decía la voz ronca del enfermo.
— No, padre; no te abandonamos. Hemos hecho todo lo posible.
— Moriré sin socorro de nadie.

Un penoso silencio se extendió por la estancia. Las muchachas lloraban calladamente. Y en esto un rumor metálico, de algo que acababa de caer al suelo allí mismo. ¿Qué es? Una bolsa. ¿Qué hay en ella? Cincuenta monedas de oro. Lo bastante para pan, para medicinas, para un poco de felicidad. ¿Quién ha dejado allí el dinero? Las muchachas corren a la puerta, a las ventanas, salen a la calle. Nadie. Sólo el hecho tangible de las cincuenta monedas.

Al día siguiente los dolores eran esperanzas y entre el llanto asomaba la sonrisa. Las monedas se acabarán pronto; pero pueden venir otras. Entretanto, el enfermo tal vez sane... Y he aquí que, antes de llegar la noche, reunidas a la mesa las tres hermanas, un objeto cayó con ruido en la mitad del tablero. Otra bolsa. Con cincuenta monedas de oro también.

La voz del padre, vuelto a la cordura y lleno de luz y de experiencia, habló:

— Todavía espero otra bolsa de oro, porque sois tres, igualmente buenas, igualmente desvalidas, igualmente merecedoras de premio. No es por mí por quien esto se hace.

Y al otro día, una bolsa con otras cincuenta monedas entró por la ventana. Pero esta vez no fue todo tan inesperado ni tan veloz. Una de las muchachas llegó a ver a lo lejos, en la calle, la grupa de un caballo blanco, que desaparecía entre las sombras del atardecer. Así reconocieron todos –adivinaron más bien– a su bienhechor.

— Ha sido el noble, el santo varón Nicolás.

Sí. Era él. Para los tristes, los pobres y los débiles, pero cuantos aman la dulce ilusión, San Nicolás ha sido siempre el varón generoso que dejó las tres bolsas de oro a las tres muchachas y desapareció en las sombras tenues del crepúsculo a lomos de su caballo blanco. Otras historias, de seguro más verdaderas, se han contado del milagroso San Nicolás. Su vida entera dedicada al bien y a la caridad. Pero cuando en el siglo xi su cuerpo fue traído a Bari, se desprendió de él, como un perfume, la grata leyenda de las tres bolsas de oro, se esparció por todo el Occidente y dio lugar, andando los años y los siglos, a que San Nicolás fuese esperado, bien en la noche del 6 de diciembre, bien en la noche de Navidad, por los que más aman la ilusión entre todos los nacidos; por los niños que aún no han gustado las amarguras de la vida y aguardan con plena seguridad al varón clarísimo, que con su caballo blanco inmortal llegará para premiar a los que han sido buenos, como en aquella hora crítica dejó el oro a las muchachas en los lejanos tiempos del siglo iv. Los pueblos del Norte de Europa, Bélgica inclusive, conservan más que otros esta devoción ingenua a San Nicolás. En el fondo, la misma que alegra las horas de Navidad de los niños ingleses. Porque he de referir ahora cómo Santa Claus, el misterioso personaje de la barba nevada, gran andarín de los tejados y notable escalador de chimeneas, no es otro, en su origen, que el mismo santo hombre de Bari.

SANTA CLAUS

Los niños tienen muchas razones para deberle gratitud a San Nicolás. En algunos países se lo imaginan como un santo Obispo español. La administración de Correos de Madrid devolvió en una ocasión, hace algunos años, una carta de Amberes cuyo sobre decía: «Monsieur Saint Nicolás. Madrid». Conviene advertir, para que nadie caiga en desconfianzas inoportunas, que, de todos modos, San Nicolás se enteró del contenido de la carta y la firmante, que era una niña, se vio complacida enteramente en lo que deseaba. Y es que el glorioso Obispo ha hecho por los pequeños cosas verdaderamente prodigiosas. Una vez en el camino de Nicea se halló San Nicolás en presencia de un infame posadero, cuya crueldad era por tal modo terrible que en aquella misma hora en que el Santo llegaba al albergue había en él tres niños degollados y hechos pedacitos por el miserable criminal del hostelero, que así pensaba subvenir a la falta de carne que por aquel entonces se dejaba sentir. Advirtió San Nicolás lo que sucedía y su amor a los niños se impuso a todo. Concentró sus potencias en una oración al Altísimo para que obrase un milagro, y los pedazos de los niños se juntaron y salieron las tres criaturitas vivas y alegres de aquel tugurio, cantando las alabanzas del poderoso señor San Nicolás.

No es extraño, pues, el prestigio del Santo en toda Europa. Unas estampas inglesas del siglo XIII nos lo representan tal como era en la época de sus grandes triunfos, precisamente en aquellos días de las tres bolsas de oro. Joven, apuesto, caballeroso, aún no le había nacido la florida barba que ostentó después como Obispo, ni mucho menos había caído sobre él la nieve de tantas Navidades. Inglaterra ha formado sus tradiciones de Navidad con muy diversos elementos, recibidos de distintas partes. El árbol y las candelitas vienen de Alemania y no tienen, por cierto, origen tan antiguo ni tan noble como Santa Claus, reencarnación de San Nicolás, que el aislamiento inglés fue transformando en figura peculiar y propia. Ahora Santa Claus es un buen viejo barbudo, camina a pie y solo, llevando a cuestas un gran saco con los juguetes. Conserva facultades prodigiosas, como son las de enterarse de lo que quieren los niños y la de penetrar en las casas por manera, si no misteriosa, al menos, extraordinariamente ágil, puesto que se sabe que llega por el tejado y penetra siempre por la chimenea.

AL AMOR DE LA LUMBRE

Poseen estos bienhechores de los niños la facultad de acomodarse a las condiciones climatológicas de los diversos países en que actúan. No hay en Inglaterra balcones al estilo de España ni es allí prudente dejar al aire libre durante una noche zapatos que el frío y la humedad tornarían inservibles. En cambio, es corriente en la casi totalidad de las casas el fuego de chimenea y ningún lugar más propio para dejar los zapatos infantiles y aun las medias de las jovencitas que, por una ley universal, lo son todas las mujeres. Allí en aquella habitación transcurre, en torno del fuego, la vida familiar. Allí se han moldeado las ilusiones y han salido hacia el cielo por el tubo de la chimenea, porque todas las demás salidas están cerradas. Allí, pues, debe venir Santa Claus.

El buen viejecito pintoresco no falta a la cita. Lleva sus altas botas de nieve para caminar por las sendas húmedas y solitarias. Se abriga con un calzón rojo completado por un gabán ceñido a la cintura y de amplio vuelo, rojo también, con guarniciones de piel blanca. Cubre la cabeza con un gorro puntiagudo. Y no se ve de él más que su gran barba blanca y su cara bondadosa, sonriente y afable, en la cual apenas hay arrugas porque los vientos sanos y fríos han dejado la piel sonrosada y tersa. Los ojos son vivos y alegres con una chispa que no se puede llamar maliciosa, pero que es como una llamita de sabiduría profunda, acumulada durante siglos de saber lo que son las ilusiones de la humanidad y de comprender que no hay cosa más grata en este mundo, ni que hinche el corazón con palpitaciones más puras, que hacer bien a los niños.

Otras alegrías tiene la infancia en la Navidad inglesa, y no son las menores las que proporcionan de una parte el árbol y de otra el pastel correspondiente a esos días. El árbol es como una maravillosa y gigantesca flor de plata. Reflejos metálicos y cristalinos despiden todas las ramas, a la luz de innumerables candelitas que dan al árbol un aspecto fantástico e iluminan sus curiosísimos frutos, que son pequeñas chucherías y golosinas apetitosas como no se sabe que las dé ningún otro árbol de la tierra. El pastel, de masa jugosa y abundante en pasas, puede ser mirado con indiferencia altiva por los niños españoles que poseen en el turrón un manjar navideño que les envidian en todas partes. Y no será, ciertamente, en la neblinosa Inglaterra donde nos enseñen a preparar las cosas de comer.

LE PÈRE NOEL

Es muy poca la diferencia moral y física que existe entre Santa Claus y el «Père Noel». Su fisonomía es análoga, sus procedimientos son los mismos. Su origen es igualmente medieval, como el de las canciones ingenuas que acompañan su aparición. Los «Carol» en Inglaterra y los «Noel» en Francia se encuentran desde los remotos tiempos de los siglos xii y xiii, y con diversas alternativas se han perpetuado hasta la actualidad.

Una distinción importante separa, sin embargo, los procedimientos del «Père Noel» y de Santa Claus. Los anglicanos son demasiado amigos de olvidarse de que hay una justicia suprema que no sólo concede premios, sino que administra castigos. Por eso Santa Claus va comúnmente solo y a las veces un poco derrotado. Parece como si estuviera cumpliendo una obligación y la llevase con cierta ironía un tanto impropia del momento. En Francia no ocurre lo mismo. Tras de la sombra benévola del «Père Noel», se levanta la silueta temible del «Père Fouettard». El primero deja juguetes a los niños buenos; pero el segundo deja unas finas correas en los zapatos de los niños malos, correas que vienen como de molde para tomar la medida de las partes carnosas de algunos muchachos turbulentos. ¡Ah! Cuando en el día de Navidad se dejan los zapatos junto a la chimenea y aparece en alguno de ellos la correíta solitaria, es que Noel ha pasado de largo por allí y, en cambio, se ha detenido Fouettard, para lanzarles a los padres una leve indirecta. No es cosa de broma. Pónganse en el caso los pequeños lectores de *El Debate* y apreciarán debidamente toda su gravedad. Y, sin duda, sacarán de la lectura de cuanto antecede una consecuencia que deben tener presente toda la vida: el ser honrados y buenos no sólo es cumplir con lo que manda Dios y asegurarse la eterna gloria, sino que, al mismo tiempo, es realizar en esta vida un magnifico negocio. Durante la infancia, los Reyes Magos, el Père Noel, San Nicolás, Santa Claus se cuidarán de traer golosina y juguetes. En las Navidades de los hombres, los celestes personajes traerán al bueno una alegría pura y todos los regalos con que el Señor favorece a las conciencias limpias.

23 de diciembre de 1934

LOS TRADICIONALES CORROS INFANTILES ESTÁN DECADENTES Y MIXTIFICADOS

La canción de Mambrú nutre el repertorio de los cantos con fortuna constante y universal.

El corro lo integran ahora las niñas casi exclusivamente. Sólo niños de cuatro a seis años cultivan aún el famoso estribillo del *Matarile*. La tonada *San Serení*, propia de los párvulos iniciados en el corro del alboroto. La canción es un mundo de ensueños en el corro de «los mayores».

Con la primavera benigna se incorporan de nuevo a las dulzuras del ambiente las voces de cristal de los niños que cantan. Historiadores veraces, tendremos acaso que admitir como un hecho la visible decadencia del corro. Hay que luchar contra ella y tal vez lo hagamos hoy, no sólo con el criterio objetivo de favorecer a la infancia, conservándole su mundo arbitrario y encantador, sino también con el afán más egoísta de que no se agote el placer de los observadores de niños. Aquellos de los lectores que hayan gustado esa inmersión en un baño de perfumes ingenuos, saben que es, entre las cosas de esta vida, de las que más consuelan y entibian el alma. Estas líneas son las de un modesto observador de niños que puede presumir, por la bondad de Dios, de cierto caudal de experiencia del asunto. No tienen aspiración erudita, ni más aparato histórico que el puramente necesario. Tampoco merecen gratitud, ni recompensa, ya con exceso recibidas. El autor declara haber sido admitido más de una vez, con toda su humanidad madura y detestable, en corros infantiles, a cantar y a reír con los niños. No viene, pues, a contraer méritos, sino a pagar deudas.

Fortuna universal y constante como la de la canción de *Mambrú* no la hay entre todas las que nutren el repertorio de los corros infantiles. Desde hace unos dos siglos se canta el *Mambrú* en toda Europa, singularmente en Francia y en España. Los niños de ahora, a pesar de que saben un punto más de lo conveniente, conservan su predilección por el *Mambrú*, que, con ligeras variantes, se viene cantando en todo el país y brota todas las primaveras lo mismo que las flores. Últimamente aparece adornado por ciertos estribillos extemporáneos y algunas acrobacias impropias; pero conserva el núcleo primitivo entero y verdadero. En realidad, lo que se canta, más que la vida, es la muerte de Mambrú, su expedición postrera, de la cual ya no regresa más que el paje que trae las noticias de la muerte. Las estrofas finales están dedicadas al entierro. Transcribimos la canción de *Mambrú*, tal como la cantan los niños de Madrid ahora. Los versos entre paréntesis son el añadido a la versión más constante y que pudiéramos llamar auténtica de la canción:

Mambrú se fue a la guerra,
¡qué dolor, qué dolor, qué pena!
Mambrú se fue a la guerra,
no sé cuándo vendrá
(do re mi, do re fa),
¿qué noticias traerá?
Si vendrá por la Pascua
o por la Trinidad.
La Trinidad se acaba,
Mambrú no viene ya.
Me he subido a la torre
para ver si vendrá.
Allí viene su paje,
¿qué noticias traerá?
Las noticias que traigo

(¡ay, que me caigo!)
dan ganas de llorar.
Que Mambrú ya se ha muerto,
lo llevan a enterrar,
en caja de terciopelo,
con tapa de cristal.
Y encima de la caja
dos pajaritos van,
cantando el pío-pío,
cantando el pío-pa.

Los niños de hoy quiebran la seriedad melancólico-burlesca de la copla, como en el pasaje «Las noticias que traigo», en que exclaman «¡ay, que me caigo!», y se arrojan al suelo, rompiendo momentáneamente la armonía del corro, y menos mal si es esa rotura la única que hay que lamentar.

¿Cómo podía esperar esa singular fama póstuma el general inglés Marlborough? Si no fue un genio de la guerra, fue ciertamente un militar expertísimo, ambicioso en demasía, tal vez. Los franceses le tenían preparada esa jugarreta y de ellos partió la burlesca copla cuya popularidad tiene, según se cuenta, un origen digno de ser notado. Parece que la nodriza del Delfín, hijo de la infortunada María Antonieta, solía arrullar al niño, para que se durmiese, con la canción de *Mambrú*. A María Antonieta le gustó la copla, en una época feliz en que todavía sus gustos eran ley. Sólo por ese favor real, la copla quedó consagrada y su divulgación adquirió grandes vuelos. Toda Francia la cantó y en España nos entró por Cataluña.

De la boga del Mambrú, entre nosotros poseemos una prueba musical de gran interés, que es una tonadilla, «con argumento», debida al maestro Valledor, que la escribió en 1785. «La decantada vida y muerte del general Malbrú (Malbrú debió decirse antes que Mambrú, si admitimos que el nombre procede de la corrupción de Marlborough) se desarrolla entre cuatro personajes y el coro: Madama, Malbrú, Paje, Sargento y soldados. No es más que el desarrollo dramático del conocido tema, acentuando lo burlesco». Malbrú se despide de Madama en la primera escena y la consuela jactanciosamente:

No temas, no llores,
fía en mi valor,
que parte enemigos
como un requesón.
Madama se queda llorando a pesar de todo,
y llena de tristes presentimientos.
Yo voy a retirarme;
y hasta que vuelva,
pienso comer tan sólo
tronchos de acelgas.

Vienen después animados cuadros de campaña, donde Malbrú está con sus tropas. Se entabla la batalla con gran estruendo de tambores y clarinetes, Malbrú anima sin cesar a su gente, hasta que da en tierra, mortalmente herido:

¡Duro, duro, bombarda y cañón!
Porrazo, trompazo y viva el valor.
Arrea, Manolo, todo lo perdí.
¡Ay, que me muero, infeliz de mí!

El general ha muerto y el paje se dispone a cumplir el cometido que le asigna la canción, o sea, el de llevar las tristes noticias:

Ya que Malbrú se ha muerto,
voy a llevar la carta,
porque Madama sepa
de Malbrú la desgracia.
¡Ay, larú, larú,
que murió Malbrú!
¡Ay, larú, lará,
que ella llorará!

Todo se desarrolla según el asunto conocido, y para concluir, el coro de soldados, con el paje y el sargento, entonan a voz en grito, con variaciones, la canción primitiva:

Malbrú quedó difunto,
mirontón, tontón, mirondela,
Malbrú quedó difunto,
llevémosle a enterrar.
Como le pertenece,
mirontón, tontón, mirondela,
como le pertenece
con pompa y majestad.
Encima de la caja,
mirontón, tontón, mirondela,
encima de la caja
puesto el romero va.
Y un pajarito dice,
mirontón, tontón, mirondela,
y un pajarito dice
que ya descansa en paz.

Dejamos aparte, porque el profundizarlos no nos compete, algunos problemas de los muchos planteados en torno de esta canción. La melodía es mucho más antigua y prestigiosa que la letra dedicada a Marlborough. Ha sido identificada hasta en Egipto, y se ha creído encontrar rastros de ella en canciones gitanas y moras. Puestos a buscarle abolengo, hay quien la da por árabe y traída a Francia por los soldados de San Luis. Pero, ¿qué les importa esto a los niños..., ni a nosotros? La canción, tal como ha llegado hasta hoy, vale, con sus matices de ternura burlesca, para interpretar esos sentimientos confusos donde hay como un atisbo de penas y amores remotos, como si en el mundo de la infancia penetrasen de vez en cuando aires abrasadores o amenazas sombrías de la vida de verdad que aguarda más allá de la puerta de oro del jardín.

LOS ANHELOS DE LA MUJER Y DE LA MADRE

Hemos hablado hasta ahora de niños. En realidad, el corro lo nutren las niñas, casi exclusivamente. Sólo algunos párvulos de solemnidad entran en él, y la separación de gustos y aficiones, determinada por el sexo, llega muy pronto. Las niñas no tardan en decir, con cierto temor y cierto mimo, que los muchachos son «muy brutos» y no hay manera de entenderse con ellos. Por su parte, los chicos encuentran depresivo y humillante el mezclarse en corros que cantan cosas melancólicas, cuando se puede aprovechar el tiempo de manera mucho más digna cazando pájaros, descuartizando lagartijas, interviniendo en nobles y varoniles pedreas, boxeando y dándole puntapiés a las piedras, en ausencia del balón. La separación es, pues, inevitable. Sólo niños de cuatro a seis años, que son tratados como muñecos por las niñas de ocho a diez, intervienen en el corro y no van más allá del *Matarile*. El famoso estribillo pervive entre las generaciones más diminutas y admite cierta diferencia de edades en los que intervienen en su desarrollo, puesto que se canta situándose los niños en dos filas fronteras que avanzan una hacia otra, hasta encontrarse, y retroceden después, sin volver la cabeza.

¿Dónde están las llaves?,
matarile, rile, rile.
¿Dónde están las llaves?,
matarile, rile, rón.
En el fondo del mar,
matarile, rile, rile,
en el fondo del mar,
matarile, rile, rón.

En pasando de esta etapa elemental que tiene su primera expresión balbuciente en el «corro de la patata», cantado por niños de ambos sexos de tres a cuatro años de edad y dirigido comúnmente por madres o ayas, el corro se compone exclusivamente de niñas y empieza a tener ya todo el recalado misterio de las cosas de las mujeres. Las canciones del corro son, por esta causa, casi todas ellas, romances de amor y de maternidad. Inconscientemente las niñas presienten su verdadero destino.

Entre los romances de corro, conservados por las nuevas generaciones con variantes ligeras, figura en primer término el de la doncella cristiana cautiva de los moros. Es un romance literariamente bello que se canta sobre diversas melodías, de las cuales prevalecen dos, una propia del centro y otra del sur de España. El caballero cristiano, en tierra de moros, se aproxima con su caballo a la fuente para que el noble animal calme su sed. Junto al pilón hay una mora humilde, a la que el caballero ruega que se aparte para que pueda beber el caballo.

> Apártate, mora bella,
> apártate, mora mía;
> deja beber al caballo
> de ese agua cristalina.
> Caballero, no soy mora,
> que soy cristiana cautiva;
> me cautivaron los moros
> el día de Pascua florida.

Hay variantes que afectan, sobre todo, al segundo verso y al último. En el sur suele cantarse:

> Apártate, mora bella;
> apártate, mora linda.

En cambio, los corros de Madrid, en vez de decir como los de Andalucía, «Me cautivaron los moros / el día de Pascua florida», dicen: «Me cautivaron los moros / siendo chiquitita niña». Para el caso es igual. El caso es que, entrados en conversación el caballero y la cautiva, se viene en conocimiento de que ella es una hermana de él, que fue arrebatada por los moros hace años. Las últimas estrofas son una alegre y triunfal cabalgada, en la que el caballero, con la cautiva a la grupa, la devuelve a las alegrías del hogar. Al llegar a este punto el corro se agita y se acelera, tiembla una suave emoción en la copla y el arrebol de las mejillas infantiles es un comentario dulce y emocionado al regreso de la niña cristiana perdida tantos años entre los moros.

Es vieja la observación de que muchas canciones infantiles no están exentas de una malicia suave. En España, país realista y precoz, el fenómeno se advierte con toda claridad, y el ilustre Rodríguez Marín ha señalado algunos ejemplos, que no son de este lugar, por haber pasado ya de moda las canciones referidas. Ya hemos advertido que nos limitamos a lo que se canta hoy, y aun dentro de eso, a lo que nos ha sido dable observar de una manera directa. Como ejemplo de este grupo, es muy linda la canción siguiente, recogida en Madrid, donde la hemos oído a los corros de niñas:

> Tengo un mandilín bordado
> con flores de primavera,
> el galán que me lo ha dado
> bien sabe que soy soltera.
> Ese mandilín
> que me diste ayer,
> ya lo recosí,
> ya lo remendé,
> ya le eché un volante
> para pretender.

Con este tipo de canciones, forman en primera fila, entre las del corro, las que denotan sentimientos maternales. Ese encantador instinto maternal que proporciona tan regalados espectáculos al observador de los niños, se manifiesta en una serie de canciones, entre todas las cuales sobrevive con plena popularidad, y la cantan todas las niñas de hoy, la siguiente:

Tengo una muñeca
vestida de azul,
con su camisita
y su canesú;
la saqué a paseo,
se me constipó,
la metí en la cama
con mucho dolor.

En este grupo de amor y maternidad pueden incluirse los romances de la esposa solitaria que espera al marido ausente. Sobreviven pocos romances de éstos, de estirpe caballeresca en su mayoría. Por lo general nos pintan a la mujer asomada a una ventana del castillo y preguntando a los que pasan si han visto a su esposo en alguna parte. El cuerpo del romance lo forman las señas detalladas que la mujer da del marido. De esta serie sólo hemos oído en Madrid el que dice:

Mi marido es alto y fuerte,
alto como un «aciprés»,
y en el puño de la espada
lleva un pañuelo holandés.

POR LAS MÁRGENES FLORIDAS

Por las márgenes floridas de este áureo caudal de canciones pueden espigarse algunas más difíciles de asimilar a un grupo o a otro, no porque no las haya del mismo género, sino porque quedan en la actualidad como supervivencia casi única. Hay una serie de canciones arbitrarias que responden acaso más plenamente a la idea que uno se forma del mundo infantil, aunque esta idea no resulte siempre la más exacta. El mundo de los niños está lleno de una poderosa lógica interior que muchas veces se echa de menos en el mundo de los hombres. El predominio de la lógica pura y de la justicia seca no es en los grandes artilugios políticos y sociales que hemos formado las personas mayores, donde hay que buscarlo. Se halla con mucha mayor facilidad en las relaciones entre los niños. Viene esto a cuento de la calificación de arbitrarias que hemos dado a algunas de las canciones que van a seguir. Acaso sean arbitrarias para nosotros, que no tenemos la suerte de discurrir con tanta claridad y falta de prejuicios como los pequeños.

Conserva su boga en esta serie la tonada de *San Sereni*. Es de las primeras que se cantan en el corro y pudiéramos considerarla propia de las niñas recién ingresadas en la comunidad, que no han podido aún aprenderse las cosas que cantan las «mayores». Es propia de un corro alborotado y en extremo saltarín. Hay que tener en cuenta que el corro, conforme crecen las que lo componen, va ganando en seriedad y adquiriendo algunos caracteres rituales. La niña que rompe esa seriedad es rechazada con disgusto. En cambio, las «pequeñas» se lanzan alocadas, precipitan el ritmo, se agitan sin necesidad, interrumpen la canción con risas y son incapaces de nada que valga la pena. En la intimidad del corro de las «mayores» se desarrolla un sentimiento misterioso, eminentemente femenino, que rechaza toda intromisión. Palpitan en él los primeros anhelos desconocidos y la canción es un mundo de sueños.

Vengamos a las «pequeñas», sin olvidar la relatividad de los términos y que las «mayores» no pasan de los doce años. Las pequeñas vocean alocadamente el *San Sereni*:

San Sereni del monte,
San Sereni cortés,
yo como soy cristiana,
yo me arrodillaré.

También entonan todavía el «larán, larán, larito», que tiene cierto aire bucólico:

Estaba una pastora,
larán, larán, larito,
estaba una pastora
guardando un rebañito.

Con leche de sus cabras,
larán, larán, larito,
con leche de sus cabras
quiso hacer un quesito.

Esta parte pastoril, con intervención de la fauna, enlaza con los cuentos infantiles más populares, y en cierto modo disuelve el corro para establecer la postura de conjunto que corresponde al grupo que forman narrador y oyentes. Hemos oído el «larán, larito», no ya en corro, sino sentadas las niñas en dos hileras cortas, unas en alto y otras a sus pies, en el suelo. La emisión concertada de las voces requería una suerte de dirección que se establecía instantáneamente, porque nunca falta en estas pequeñas sociedades infantiles algún elemento director, elegido sin gran aparato; pero de un modo eficaz, democrático y sincero. La pequeña directora se distingue en seguida por un aire momentáneo de gravedad e importancia. No es una gravedad fingida, ni una importancia vanidosa y torpe. Es la seriedad y la autoridad que han nacido y aparecen vírgenes de toda complicación teatral y de todo gesto para una galería inexistente. La niña que dirige se pone seria con naturalidad, poseída en el acto de su misión. Sonríe; pero no alborota y regaña severamente a las turbulentas. La autoridad es acatada, porque se considera precisa. Si pretende el abuso, que también se dan casos, aunque muchos menos que en el mundo de los mayores de verdad, un «¡niña!, ¿pero tú que te has creído?», impregnado de protesta justa restablece el orden, como antes un simple «¡ay, hija!, pareces tonta», de la autoridad a cualquier elemento disolvente había bastado para la armonía.

Aun delatan las «pequeñas» un aspecto íntimo de su vida en las canciones de corro. Hay un drama, el mayor que pueden concebir aquellas mentes: es el de la niña a la cual no quieren sus padres. Drama intenso de suyo; pero hondísimo, con proporciones de tragedia, en quienes no puedan todavía ver más allá. El caso de la infeliz Catalina, a quien su padre castiga los días de fiesta para que no pueda jugar con sus compañeras, es doloroso y tiene una expresión adecuada y punzante en la copla:

Yo conocía una niña,
yo conocía una niña,
que Catalina se llama,
¡ay, sí!,
que Catalina se llama.
Todos los días de fiesta,
todos los días de fiesta,
su padre la castigaba,
¡ay, sí!
su padre la castigaba.

¡Pobre Catalina! Ninguna de las niñas del corro es ella, y todas piensan en ella con amor. Los padres, gracias al buen Dios, no son como el de ella. Las dejan jugar. Y hay algunos que interrumpen una labor dura para verlas cómo juegan y seguirlas, paso a paso, en sus evoluciones. Son los padres que tienen noción más clara de qué cosas valen la pena en este mundo y cuáles no.

FINAL MELANCÓLICO

No nos permite el espacio que continuemos nuestra grata excursión. Para los fines que nos habíamos propuesto queda recogido lo principal. Porque, digámoslo nuevamente con tristeza, el corro está decadente y mixtificado. La actualidad sopla en su interior y la actualidad es una cosa de hombres. La actualidad deja de serlo en cuanto no se conoce su escaso valor de cosa pasajera. El mundo de la ilusión infantil debe ser permanente, y los que conocemos que al fin y a la postre desaparecerá para cada uno de sus pequeños individuos, que serán sustituidos por otros, debemos procurar que se prolongue y aun realizar el esfuerzo supremo por lograr que algunas de las ilusiones infantiles nos acompañen toda la vida. Entre los crímenes más repugnantes que los hombres cometen está el de matar la ilusión.

28 de abril de 1935

EL TEMA DE MÁS FECUNDA INSPIRACIÓN LITERARIA EN TODOS LOS PAÍSES Y EN TODOS LOS TIEMPOS

La Nochebuena, festividad típicamente española, es más ensalzada por los escritores de nuestro país. Obras sobre este tema de Fernán Caballero, Pereda, Alarcón, el padre Coloma y Selgas. La Navidad inglesa, gran fiesta tradicional colectiva. Elegía de la Navidad rusa. La época de la literatura infantil.

La Navidad es tema de perenne y renovada inspiración. Los escritores de todos los tiempos y de todos los países han vuelto los ojos hacia el sagrado motivo y las flores más delicadas han caído espontáneamente, desprendidas del corazón, a los pies del Niño, vocado al destino más sublime por la misericordia infinita del Criador de los cielos y la tierra. Nos despeñaríamos en la cima de nuestra propia ambición si quisiéramos reducir, fuese no más que a menciones sucintas, las obras que ha inspirado el nacimiento de Cristo y su celebración a través de las generaciones. Las almas creyentes se han encendido en fervor nuevo. Las almas incrédulas han sentido en su interior la sacudida de temblores ignotos. Y todos han visto en la Navidad la significación hondísima de un misterio de luz, cuyos efluvios suaves llegan al mundo entero para recordarle los bienes de la paz y del amor. Desde la literatura majestuosa de los grandes autores místicos y eclesiásticos, a la narración humilde o el cuento infantil, la producción universal está llena de variaciones sobre un tema inagotable. Algunos aspectos sencillos y recientes, de los que sin gran esfuerzo pueden ser buscados por el lector para obtener una visión unánime y a la par diversa de la magna festividad cristiana, es lo que únicamente reseñaremos aquí. Y aun será mucho para un espacio corto, y pobre para filón tan rico.

NOCHEBUENA

La celebración de la Nochebuena es típicamente española. Esta gran víspera no tiene en otros muchos países el carácter eminentemente familiar que adquiere en el nuestro. Para los hogares españoles, la fiesta tradicional obligada es la del 24 de diciembre por la noche, sin perjuicio de las solemnidades y alegrías anejas al mismo día de Navidad. Por eso es en la literatura española donde con frecuencia mayor se hallan testimonios de este festejo íntimo, que en otras partes o pasa inadvertido enteramente o carece de ciertos aspectos rituales consagrados en España por una práctica larguísima. El hecho de que también en nuestro país comience a dejarse sentir el fenómeno desagradable de una Nochebuena volcada al exterior en algarabías plebeyas, o, lo que es peor aún, en festines exentos de todo carácter familiar y religioso, no es sino un motivo más para que volvamos la mirada a los autores, que supieron reflejar en sus libros los perfiles deliciosos de una fiesta donde la legítima alegría no puede, sin prostituirse, perder un punto de la memoria que se está celebrando: el nacimiento del Redentor.

Entre los autores españoles del siglo XIX dedicaron a la Navidad páginas muy bellas Pereda, Fernán Caballero, el padre Coloma, Alarcón y Selgas. No son los únicos, ni mucho menos; pero bastan para nuestros fines. En ellos se refleja el carácter de la Nochebuena española con todos los matices diversos que adopta, dentro de su gran unidad fundamental.

Pereda, sencillo, robusto, sanamente realista, es el reflejo directo y puro. Sus páginas, especialmente dedicadas a la fiesta que nos ocupa, llevan como título *La Noche Buena*. Todavía no se han fundido las dos palabras en el apresuramiento actual. Es la noche buena por antonomasia, la mejor de las noches, porque en otra como ella vino al mundo Jesús. Pereda es el gran costumbrista, sin complicaciones ni recovecos. Sus mejores escenas tienen un origen por demás límpido y claro, que él mismo confiesa, un poco extrañado en el fondo de que se le conceda gran importancia a una cosa tan sencilla. El insigne novelista se asoma al balcón y nos cuenta lo que ve. En el fondo de su *Noche Buena* palpita aquella religiosidad tan sólida, tan inconmovible, que es lo mejor de su fondo de hombre y de poeta. No importan los detalles de la escena descrita. Lo que en Pereda seduce es una limpidez esencial. Sus construcciones son como pequeños escoriales donde la pureza de la línea, lo escueto del adorno, la fortaleza de los materiales empleados, dan como fruto una sensación de enorme solidez, de esa enorme solidez que sólo se ostenta cuando la fe se halla en los mismos cimientos.

Costumbrista también, tronco de la misma cepa, menos robusto, aunque evidentemente sano, Fernán Caballero nos da su visión de Navidad en *La tía pavona*. Fernán Caballero se detiene más en la superficie y en el color. Es más ingenua y menos sobria. Está todavía demasiado cerca del romanticismo y nos llega de él un dejo lacrimoso y alguna que otra falsedad. Pero el temperamento se impone, la naturalidad vence, y en *La tía pavona*, como en otros muchos de sus relatos breves y de sus novelas, Fernán Caballero nos ofrece maravillosas estampas, arrancadas de una realidad que ella no quiere negarse a ver y matizadas por el sentimiento de un corazón que sufrió mucho. La Navidad de Fernán Caballero reúne todas las condiciones necesarias para ser hoy, al cabo de los años, una lectura precisa, saludable, llena de encanto natural. *La tía pavona* tiene fragmentos que no podrían ser excluidos en una antología navideña de literatura española.

Del padre Coloma incluiríamos en esa antología *La almohadita del niño Jesús*. Estamos ahora en otro género de narración de Navidad. El padre Coloma sobresalía en gran manera en el arte de contar bien y de dar en el acto a los acontecimientos narrados un sentido clarísimo, que los situaba en su lugar correspondiente dentro de la universal armonía. Mente disciplinada por el estudio y el ejercicio de la piedad, realizaba espontáneamente la función de situar los hechos y las cosas en orden al fin eterno del hombre. Esto no perjudica nada a la calidad de su literatura, ni introduce en sus obras un sermoneo excesivo. Todo lo contrario. La predicación ejemplar de la vida es la que él recoge en sus obras, al punto de dar a todos los hechos, sobre la emoción dramática, una profunda emoción trascendental. No podemos sustraernos al recuerdo de aquel desafío de *Pequeñeces*, donde con intenso dramatismo se nos da la triste impresión de una víctima sacrificada por su locura; pero, sobre ello, en la sobria y rápida descripción del instante de la muerte, la alusión a «Jesucristo vivo y terrible» es de lo más ejemplar, hondo y bello que hemos encontrado.

No ocurren tan graves cosas en *La almohadita del niño Jesús*; mas no por ello deja el padre Coloma, en medio de una narración sencilla y amena como suya, de despertar un deseo de meditación y de ofrecernos atisbos sobre las más esplendentes verdades de la fe. Es, como decíamos, una cualidad inherente a este escritor. Su manera de ver es tan certera, es de una claridad tan pasmosa que, en la narración más llana, en el cuento, en la tradición, en la florecilla humilde y sin ambiciones de trascendencia existe una jerarquía de valores tan perfecta y naturalmente establecida, que la lección es en todos los casos fecunda y provechosa. Agregaremos, pues, a nuestra colección de Navidad *La almohadita del niño Jesús*.

Y vengamos a otro escritor mucho más desordenado y confuso, mucho más disipado; pero de buena cepa española y católica, por lo tanto. Nos referimos a don Pedro Antonio de Alarcón. Es indudable que sus afanes y sus tareas de periodista, sus luchas despiadadas en el campo de la polémica y su andalucismo lleno de una visión fuerte del mundo, impregnada con exceso de un predominio de los sentidos, hicieron algunas veces de él un escritor que no respondía exactamente al tipo de lo que debemos llamar un escritor católico. Por eso es aún más interesante *La Nochebuena del poeta*, que es lo que incluimos aquí. Porque en Alarcón la Navidad significa una brusca llamada a la puerta de su fe y un despertar de toda su alma tradicional española. De la Navidad como cristiano, desde luego; pero tal vez más aún como escritor. Decíamos del padre Coloma que en él predomina sobre la emoción dramática la emoción trascendental. Y diríamos de Alarcón que cuando toca temas religiosos sobresale de la emoción religiosa la emoción estética. Aquella hermosa página de sus viajes por Italia, que es una visión del Papa en el Vaticano, rebosa un gran sentido de belleza y un renacer de fervores religiosos dormidos. Y ese es el efecto de la Navidad en Alarcón. Le llega la belleza penetrante del sublime misterio, porque su sensibilidad no puede negarse a él, y entonces renace en su corazón la fe de sus mayores y de su España siempre amada. Nos valdrá, pues, *La Nochebuena del poeta* para recibir la sensación de esa fiesta grandiosa desde fuera adentro, punto de vista que literariamente –y en el terreno literario estamos– es de un gran valor.

Terminábamos nuestra breve excursión española en el bueno de Selgas. Ya es conocida la característica de este poeta, excesivamente estimado un día y excesivamente desdeñado después. No son para él los grandes acentos, ni las concepciones geniales. Pero su ternura rara vez le abandona, y aunque es una ternura demasiado visible a veces para conservar aquellos matices de intimidad que la ternura debe tener, no es justo rechazarla absolutamente. Cierto que Selgas pasa de emotivo a llorón con demasiada facilidad, y aun pudiera decirse qué tanto se respeta al hombre que llora como se desdeña al que lloriquea. Pero su *Navidad* es dulce, es ingenua y es grata. No sabríamos prescindir del buen poeta de nuestros abuelos ahora que estamos tratando de volvernos un poco niños para el día de Navidad. Es cosa que no debe avergonzarnos, y ojalá que conserváramos de ese breve aniñamiento que pretendemos un poco de la formalidad y del espíritu de justicia, que son las dos ventajas de más consideración que los niños tienen sobre los hombres.

NAVIDAD INGLESA

Si encerrados en el marco de nuestra propia literatura y sin pasar del siglo XIX encontrábamos dificultades para nuestra antología, calcúlese lo que significará el abordar el tema en la vastedad de las literaturas de los pueblos cultos. Nos concretaremos a algunos puntos aislados que nos son mejor conocidos.

Hemos vivido varias Navidades inglesas. A través de sus errores, el anglicanismo conserva en la sociedad algunas de las grandes tradiciones cristianas, y entre ellas perduran singularmente, con una intensidad que en lo colectivo llega a parecernos envidiable, la celebración de la Navidad y la de Semana Santa. Ya hemos advertido que no nos referíamos al aspecto religioso, sino al social y en cierta manera público. Por eso hemos empleado de preferencia la palabra tradición. Y lo cierto es que el día de Navidad, Inglaterra ofrece el aspecto de una gran fiesta íntima, perceptible en la calle por el silencio recogido. Este punto fundamental –la Navidad, fiesta hogareña– lo han realizado los ingleses en alto grado por lo que toca al punto de vista colectivo.

Nos interesa recalcar estos aspectos vividos por nosotros, porque ahora vamos a ser mucho más parcos en la antología. Hay obras inglesas bellísimas, como el famoso *Cuento de Navidad*, de Dickens, que pueden ser leídas sin peligro alguno. Pero, a nuestro modo de ver, la característica de la Navidad inglesa es que se recoge en la intimidad familiar, sin alcanzar dentro de ella los matices puramente religiosos que la transformarían en una celebración perfecta e indiscutible. No. Dentro de cada familia, y sin inferir ni por asomo con esto una ofensa general que está muy lejos de nuestro ánimo a la familia inglesa, la Navidad adquiere matices cambiantes y diversos que van desde la ingenuidad infantil a la franca paganía cultivada con esa clara tranquilidad y dominio de sí mismos con que los ingleses hacen de su capa un sayo. Es la contradicción esencial del protestantismo visible en multitud de ejemplos. Ningún inglés se llama Jesús, porque significa para ellos una irreverencia aplicarle a persona humana ninguna el nombre del Redentor; pero cada inglés interpreta la vida de Jesús como le parece. Sobrevive, pues, la tradición cristiana en muchas fórmulas externas aplicadas a las veces con bastante más severidad que en los países católicos; pero falta por completo la disciplina religiosa interior.

Así es la Navidad inglesa. Dickens, con su visión humana, social, poética, inspirada en el amor a los humildes y en la protesta contra las injusticias de una sociedad férrea que aún hoy es terrible para quien se quiera permitir el lujo de quebrantar sus normas, nos resulta eminentemente conmovedor y grato. Dickens es muy inglés, sin duda alguna; pero la simpatía que inspira en España procede de que, como todo hombre genial, está por encima de la sociedad de su tiempo. Su Navidad es profunda y emocionante y en lo más puro y lo más hondo responde a lo que palpita en el fondo de la Navidad inglesa; pero eso no es todo.

Es un poco difícil tratar con justicia a un gran pueblo cuando se habla de sus virtudes o de sus vicios colectivos. Por esa razón es muy posible que ese perfume íntimo de la obra de Dickens esté más cerca de la verdad esencial que las apreciaciones que anteriormente hemos formulado. Pero desde Dickens acá Inglaterra ha dejado de ser una isla.

ELEGÍA DE LA NAVIDAD RUSA

Releyendo a Tolstoi, ese cristiano echado a perder por falta de disciplina religiosa; releyendo a Gogol o a Korolenco y a modernos autores que, como Krasnoff, han vuelto la mirada sobre la Rusia antigua, podemos entrar en la vasta tragedia de este pueblo, sojuzgado por el Asia oblicua. Queremos hablar de la

Navidad rusa, ahora que oficialmente la Navidad rusa ha dejado de existir. Hay cosas que no mueren, y si los ignorados designios de la Providencia han permitido la horrible calamidad que pesa sobre Rusia, acaso penetrando en aquella Navidad perdida puedan sorprenderse tesoros ocultos que pueden ser enterrados, pero que es imposible que desaparezcan. Rusia imperial, y todavía feudal en muchos aspectos, era una gran familia que en la Navidad fortalecía sus lazos y se reconocía a sí misma. El aroma de la Navidad rusa no se ha perdido.

Llega a nosotros, eso sí, envuelto en un pesado manto de dolor. La voluptuosidad del sufrimiento, característica de la literatura rusa, cubre de reflejos amargos las páginas mejores. Con todo, la Navidad rusa se abría sobre el escenario más propio de esta fiesta, y la noche del 24 al 25, con sus estrellas encendidas sobre las nevadas estepas o los ríos helados, forzaba en todos los corazones verdaderamente religiosos –que eran y son todavía muchos millones en Rusia– a una explosión de fraternidad cristiana y a una gran manifestación de caridad. Los errores cismáticos influyeron poderosamente en el descrédito del clero ruso y en la multiplicación de algunas devociones que llegaban hasta las lindes de la idolatría; pero la gran fiesta de Navidad levantaba los corazones sobre todas las miserias y hacía vibrar a las almas en una fervorosa manifestación de piedad y de fe.

A través de la literatura nos ha llegado la viva religiosidad de muchas gentes humildes que se deseaban la paz con sencillez y con amor, pensando en Cristo. Cristo acercaba y unía al siervo con el señor, reconciliaba a los enemigos, tendía por todas partes sobre la miseria y el frío una prenda de bienaventuranza... Hoy en Rusia se ha querido que desaparezca hasta el recuerdo de la Navidad. Pueblo desgraciado, al que se quiere quitar el más mínimo consuelo en su desgracia, recemos todos en el día de hoy para que Dios permita pronto que los corazones cristianos que allí quedan obtengan antes de abandonar este mundo la gracia de poder regocijarse otra vez con las puras alegrías de la Navidad.

LOS NIÑOS

Como no podía menos de ocurrir, las fiestas de Pascua son las fiestas de los niños. ¿No iba el Niño-Dios a acordarse de los otros niños, a los que siempre quiso permitir que se acercaran a Él? Por eso la literatura de Navidad cuenta como elemento indispensable una copiosa producción de obras para la infancia.

Sabido es que Dios obra en beneficio de los niños sus mejores prodigios y los más delicados. Por eso en los días de Navidad, y en general en todas las Pascuas hasta Reyes, ocurren los acontecimientos más extraños a los ojos, turbios por la pasión, de las personas mayores, pero perfectamente naturales a los ojos de los niños. Las casas se pueblan de Nacimientos y de luces, el mundo se vuelve rosado y feliz, en los balcones o por las chimeneas llegan los seres muníficos que depositan el precioso regalo de un juguete. Es una invitación a la realidad de lo fantástico, que es la más profunda de las realidades. Consecuentemente el mundo literario se puebla de fantasías y miles de Cenicientas pierden su zapato en la huida del palacio del príncipe encantador. Despiertan los genios y los enanos y desfilan las carrozas de las hadas. Se hace factible la casita de caramelo y en la oscuridad de la noche se pierden las brujas llenas de espanto. Todo lo que es sombra desaparece ante la luz de Belén, y a la claridad del más grande de los prodigios viven otros muchos prodigios pequeños que cuajan el mundo de campanas de alegría y de ilusión. Es la época del cuento, que es tanto como decir la época de grandes verdades. Revive lo más puro en el alma de los pueblos, y por eso están contentos los niños. La literatura infantil es la gran literatura de Navidad. No importa que el tema sea el más diverso y a veces esté apartado del motivo religioso de la fiesta: basta con la invitación a soñar cosas bellas y buenas en la fecha en que ocurrió lo más bueno y lo más bello del mundo.

Si el lector fuese aficionado a leer como hombre inteligente y práctico, y por esta misma causa tuviera inclinación a dejar libre su fantasía, que es una de las cosas más prácticas que en la vida se pueden hacer, reciba el envío de estas líneas como un presente, en el cual la canastilla no lleva dentro más que un poco de literatura. Todo es bueno en la Nochebuena si el alma está aligerada de peso y ancho el corazón. La voz del mismo cielo deseó paz en la tierra a los hombres de buena voluntad.

22 de diciembre de 1935

LAS HADAS, PRINCIPALES HABITANTES DEL MUNDO MARAVILLOSO DE LOS NIÑOS

No son inmortales; pero son poderosas, bellas y benéficas. Habitan hermosísimos palacios en el centro de la tierra o en el fondo del mar. Los gnomos, pequeños y con barba, guardan los tesoros. Los genios obedecen a los talismanes y son servidores de quienes los poseen. Los enanos, auxiliares preciosos. Los gigantes, las hadas malignas y los duendes, desacreditados.

Los Reyes Magos son la más alta y legítima representación de la renovada maravilla por la cual los deseos de los niños obtienen satisfacción adecuada. La grave personalidad de estos excelsos Magos de Oriente, acreditada en la Historia por larguísimos años de benéfica y plausible labor, no es la única parte maravillosa del mundo infantil. Al contrario, este mundo tiene tal amplitud, es tan ancho y está tan poblado, que su recorrido total implicaría muchas páginas de un libro y aun muchos libros. Parece oportuno, con todo, en la fecha de ahora, recordar algo de lo que ese mundo es, de su naturaleza y de los seres principales que lo habitan. Entre éstos las hadas ocupan un altísimo lugar.

Se tiene noticia exacta y fidedigna de algunas hadas de respetable antigüedad y no pequeña importancia y crédito. La idea del hada, así como la del gigante, rodean la cuna del niño como un fruto natural de la vida. Seres mortales y maravillosos embellecen el mundo infantil y lo llenan de sentido y de luz. Su poder no se extiende al milagro, ni se encuentra limitado con exceso por las leyes de la materia. Da cuerpo a las pequeñas ilusiones y crea una realidad amable. No necesita explicaciones profundas y se alimenta de un sencillo vuelo de la imaginación.

¿Quién duda que para el niño su padre y su madre son un buen gigante y una hada buena? ¡Desdichados de aquellos padres que no estén poseídos a conciencia de esos papeles! Procurarles satisfacciones y protección a los hijos es demasiado placentero para que sea solamente un placer. Hay algo más hondo, y, sin darse cuenta acaso, los padres aceptan el punto de vista, tan natural y tan hermoso, de los niños. Se trata sencillamente de realizar lo natural de un modo maravilloso, o más exactamente, de poner de relieve lo maravilloso que hay en lo que llamamos natural. Esos seres interpuestos, desde el hada majestuosa hasta el geniecillo travieso, acabando con el ratoncito Pérez, que llena dignamente su cometido, no son más que vehículos para dar forma concreta a un prodigio constante, cuyo autor es el mismo de todo lo creado y el único capaz de obrar prodigios auténticos: Dios.

Sabido es que el ratoncito Pérez, por ejemplo, tiene una misión sencilla e importante. Los niños que han perdido el primer diente, o que tal vez (se dan casos) han sido llevados a casa del dentista y sufrido con paciencia una extracción, no tienen más que dejar el diente desprendido en la mesilla de noche y echarse a dormir. Sin que nadie pueda advertirlo, el ratoncito Pérez penetra en la alcoba por la noche y deja un regalo junto a la diminuta prenda de marfil. La variedad y diferencia de valor de estos regalos habla mucho en favor de la existencia afortunada del ratoncito en todas las viviendas. El vivaracho y escurridizo Pérez puede dejar desde una muñeca, o un automóvil mecánico, hasta un bizcocho o una moneda de diez céntimos. Lo importante no es lo que deje, sino que lo deja; y mientras tal haga, demuestra que tienen vida un amor pensativo y cuidadoso y una ilusión fresca. El día en que cualquier hombre iracundo, malicioso o cruel, aplaste con una ironía o con una brutalidad el cuerpo misterioso del ratoncito, habrá matado con él un poco de alegría infantil y será culpable del crimen de arrojar su pedazo de sombra sobre las sombras inquietas y graves del mundo.

Pérez es un ejemplo humilde. Pero este es un pequeño poema de las grandes cosas del País de las Maravillas. Y de este país, en el que tienen entrada todos los niños, son dueñas y señoras las hadas, seres mortales, cierto es, pero también poderosos hasta el punto de que no pocas mutaciones y transformaciones se deben a su varita. Se hacen invisibles siempre que quieren. De este modo llegan hasta donde los niños están y no se revelan nada más que en el momento preciso.

Forzoso es declarar, porque así lo exige la verdad histórica, que no todas las hadas son buenas. Mas la existencia de las hadas malignas no es, a nuestro juicio, un problema que deba preocupar a nuestros lectores, singularmente a los niños. Hay en este asunto dos circunstancias tranquilizadoras. La primera y principal es que las hadas malas están desapareciendo. Podemos afirmar que cada vez son en menor número. Siguen una suerte parecida a la de los duendes, que ya son rarísimos. Quedan algunos duendecillos más bien simpáticos, aficionados a bromas agradables. Su reinado pertenece a tiempos remotos y más sombríos.

La segunda de las circunstancias que decíamos es que las hadas malignas son irresistiblemente derrotadas, y esto les quita mucha importancia y valor. Les pasa lo mismo que a los gigantes malos. Cuando menos lo piensan, un simple pajecillo gracioso o un príncipe encantador acaban con su poderío muy fácilmente. Se da el caso de que son vencidos de un modo tan completo, que en el acto de su muerte quedan deshechas todas sus fechorías y restablecidos la justicia y el bien. No haya, pues, cuidado alguno. Los niños deben dormir tranquilos bajo la mirada amante y serena de sus padres.

Fortalecidos con esta consideración, pueden mirar de frente poderíos tan misteriosos y tan duraderos como el del hada Morgana, que es una de las más famosas que se han conocido. Tenemos que remontarnos muchos siglos en la historia para dar con los tiempos aquellos en que Morgana ejercía su influencia sobre los acontecimientos del mundo. Reinaba entonces el rey Arturo, valiente paladín, fuerte, robusto y decidido. Dentro de su armadura de hierro ganó muchas batallas. Todos sus enemigos le temían y le amaba su pueblo. Azares de la guerra le llevaron mal herido hasta la isla de Avalon, y allí rodearon su cuerpo el hada Morgana y su corte, y aún es posible que las nueve hadas que lo guardaron sigan en el mismo plácido y celoso menester.

¿Habrá muerto ya el rey Arturo? ¿Habrá desaparecido el reino glorioso del hada Morgana? De las últimas noticias que se posen sobre ese asunto es la más importante y significativa que don Quijote, nuestro gran caballero, creía en el rey Arturo y en toda aquella historia ejemplar llena de hazañas y prodigios. No puede negarse que la opinión de don Quijote es de peso extraordinario. Sabía él más de la verdad de las cosas y de la verdad íntima de nuestra patria que cuantos cuerdos, sabios y leídos le rodearon y se burlaron de él. Aceptaba don Quijote, de las versiones existentes sobre la desaparición del rey Arturo, la más misteriosa y difícil, en lo cual coincidía nada menos que con Merlín, cuya sabiduría ha sido constantemente alabada. Según esta versión, el rey Arturo fue convertido en cuervo y anda por ahí surcando los aires con sus alas negras como la tinta. Por eso es fama que ninguno de los que fueron súbditos de aquel rey ha matado un cuervo nunca.

Del hada Morgana se poseen estas noticias: era la mayor de nueve hermanas, hadas también, naturalmente, y su nombre sonoro significa «mujer espléndida del mar». Su poder metamorfósico era grande, y se extendía a hechos tales como la transformación de Ogier de viejo en joven, y la transformación frecuente de la propia Morgana en ave que cruzaba los aires velocísima y majestuosa. Cualidad frecuente en las hadas, poseía un extraordinario poder curativo. Las llagas peores y las dolencias más extrañas desaparecían al mágico conjuro de Morgana, que encarna así otro de los deseos humanos más sentidos: librarse en lo posible del justo castigo del dolor. Si nosotros los hombres podemos saber que ese dolor lo tenemos plenamente merecido, los niños lo ignoran y miran a su madre con ojos implorantes, pidiendo la salud y el bienestar. Por eso las hadas curan, siempre que ello no contraríe los supremos designios de Dios. Ya hemos advertido que las hadas son la personificación de los deseos justos de los niños.

EL HADA DE CENICIENTA

Porque se vea cuánto es el predominio de las buenas hadas sobre las malas y cómo la virtud, la mansedumbre y la bondad tienen su recompensa, le damos aquí un lugar preferente al hada buena y desconocida que llevó a la humilde Cenicienta desde la oscuridad hasta el trono. No es necesario referir otra vez puntualmente la historia, porque todos los niños la saben. Es una historia donde triunfa esplendorosamente la justicia, y ya hemos dicho más de una vez que el sentido de la justicia es una de las grandes ventajas que nos llevan los niños a los hombres.

Cenicienta es víctima de una injusticia que adopta la forma más impresionante y temerosa para el espíritu infantil: la desigualdad de trato entre hermanos. Todos los hermanos iguales ante la ley del hogar es uno de los imperativos más tajantes del Código de los niños. Uno de los aspectos más tenebrosos de la desgracia es el de una cruel distribución de los bienes de modo que entre los hijos de los mismos padres unos disfruten de todo y otros carezcan de ello. Por eso estremece el alma la situación de Cenicienta, siempre astrosa, siempre dedicada a las más humildes tareas, mientras sus hermanas lucían galas y adornos y se abstenían de los trabajos de la casa.

Ejemplo de tal perversidad triunfante no podría darse con reiteración sin que a la postre interviniese un hada buena. Las hadas buenas están para eso. De aquí que Cenicienta viese convertido en realidad su sueño más querido y el hada le otorgase durante tres días, hasta sonar las doce de la noche, la alegría incomparable de un atavío espléndido para ser lucido ante los ojos enamorados del príncipe, hijo de los reyes.

¡Qué bien supo manejarse el hada buena para que los sucesos, por sí mismos, llevasen hasta el amor! El zapato perdido por Cenicienta en el último día de su maravillosa aventura es esa prenda que siempre dejamos en nuestras excursiones al país de los sueños, esperando que, merced a ella, algún día nos manden llamar desde allí como a Cenicienta le ocurrió. Los sueños son sueños; pero el despertar no es nunca absoluto y queda en el alma un deseo de soñar otra vez. El hada buena dispone las cosas de tal suerte que, por un encadenamiento lógico de los sucesos, consigue su finalidad. Cenicienta triunfa y llega hasta el solio del príncipe levantada desde su humildad; pero antes tuvo que pasar por ésta, vivirla hondamente, con serena mansedumbre, para hacerse digna de la elevación. Las hadas buenas no obran sus prodigios con los malos.

¿DÓNDE VIVEN LAS HADAS?

¿Y dónde habitan estos seres de excepción que tan oportunamente llegan para prodigar sus mercedes a los niños? Su morada tiene que encontrarse en algún lugar de la tierra, porque las hadas, aun las buenas, distan mucho de las personas celestiales. Las investigaciones sobre este punto han llevado a la convicción de que la vivienda de las hadas es algún lugar oculto, bien hacia el centro de la tierra, bien debajo de las aguas procelosas del mar. De Morgana, cuya historia conocemos, es indudable la naturaleza marítima. No sólo habitaba una isla remota y difícilmente accesible, sino que tenía palacios escondidos en el fondo del mar y que eran de lo más maravilloso que pueda pensarse.

Conviene tener presente que las hadas crean a su alrededor una especie de clima primaveral, por extremo apacible y deleitoso, que excluye del ambiente todos los matices invernales y de la vivienda toda precaución contra un frío inexistente. Por eso los palacios de las hadas son desnudos en su riqueza y suntuosidad, con la magnífica desnudez del mármol, el jaspe o el pórfido, el marfil, el oro o la gema. Materiales preciosos que llevan en su pureza el adorno mejor, ni cabe que estén ocultos por alfombras o tapices, ni les pertenece más elemento decorativo que su propia tersura y brillantez. El suelo de mármol o el artesonado de oro son para lucidos en su primitiva belleza.

No abundan las puertas en los palacios de las hadas y sí las columnatas y pórticos. Generalmente están construidos en prados de una verdura inmarcesible, cerca de manantiales cuyo solo rumor es un regalo. El aire es allí dulce y aromático; las flores abren sus cálices con sencilla espontaneidad y los árboles dan su fruto con una generosidad desconocida en los países comerciales. De este modo las hadas y sus doncellas pueden vestirse de finísimas túnicas y el viajero afortunado que llega con vida hasta el recinto encantador disfruta de un bienestar apacible.

Estas cualidades y circunstancias de los palacios de las hadas se dan donde quiera que esos seres magníficos se encuentren. Ya se recordará que don Quijote dio con un palacio de esos en lugar tan inesperado como el fondo de la cueva de Montesinos. Descendió entre zarzas y malezas por un agujero espinoso y oscuro, oquedad donde las piedras retumbaban espantosamente al caer, y, a pesar de todo, cuando, en alas de su ánimo viril, llegó hasta el final de su camino, o soñó que había llegado –¿qué más da?–, se halló en unos prados amenísimos y a las puertas de un palacio donde se disfrutaba de incomparable sombra.

Hay palacios de los habitados por las hadas que se encuentran quizás a flor de tierra en la espesura de los bosques. Las hadas muestran una preferencia decidida por los rincones umbríos de las florestas rumorosas. Se sospecha, con grandes visos de verdad, que estas hadas campesinas o, mejor dicho, forestales no tienen más palacio que el bosque mismo, en cuyos laberintos más intrincados se mueven ellas como por los pasillos de su palacio, si lo tuvieran. Como no existe hada tan humilde y desprovista de atributos que no pueda hacerse invisible, no hay atrevido explorador que haya dado con ellas por los bosques. Sólo los niños han tenido esa fortuna, y es inútil que nadie se obstine en alcanzarla, porque de antemano se le puede asegurar el fracaso más completo.

LOS GNOMOS

En este país de las maravillas que estamos visitando con tal rapidez abundan los seres diminutos. No por eso su poder deja de ser grande. La consecuencia natural de la debilidad que los niños sienten y de la necesidad de protección que los acosa es que apenas conciben a su alrededor más que seres poderosos. Los gnomos y demás enanos y geniecillos del mundo infantil tienen grandes virtudes; pero, ¡oh, delicioso prodigio!, vienen a ser de la estatura de un niño de tres años. Algunos no ven inconveniente en ello para ostentar una barba frondosa y crecida. Otros andan con un cucurucho en la cabeza y parecen tener cierta falta de seriedad. No es raro que sean traviesos y un poco burlones; pero no los hay como ellos para guardar el oro y las piedras preciosas y, en general, toda suerte de tesoros. Su morada es el centro de la tierra; pero sin palacios ni lujos. Estos enanitos vienen a ser una especie de mineros del mundo fantástico, o de hormiguitas del país de las hadas.

Su misión es, por lo general, de guardadores de tesoros, función que corresponde a los gnomos, propiamente dichos; de obedientes servidores del deseo, función que pertenece a los genios que están encadenados al poder de un talismán y, en menor número, de protectores misteriosos y benéficos. De esta última clase son los enanitos de oro que se dedican a completar una obra en obsequio del que debiera haberla realizado. El autor, sin duda por no merecerlo, no ha recibido nunca el auxilio de los enanos de oro, y bien sabe Dios que a ciertas horas le hubiera venido muy bien; pero eso no es obstáculo para que señale su existencia, aunque piense que los que ahorran tareas que adiestran y fortifican el cuerpo y el alma no son siempre los mejores amigos.

Es forzoso terminar aquí nuestra breve y limitada excursión. Los padres que hayan sido a la vez hadas protectoras, genios servidores, gnomos guardianes y hasta enanitos de oro cuando en el colegio ponen demasiados «deberes» para un solo día, sabrán, sin duda, completar a los niños la escasa información de esta página. Esos padres saben perfectamente lo grande que es el país de las maravillas, y le piden a Dios Nuestro Señor, fuente de todo bien, que les permita ensancharlo.

5 de enero de 1936

HA MUERTO VALLE-INCLÁN

Ayer tarde se efectuó el entierro.

SANTIAGO DE COMPOSTELA 6. – Ayer, a las dos de la tarde, falleció en un sanatorio don Ramón del Valle-Inclán, a consecuencia de un ataque de uremia. En el momento de la muerte se hallaba junto a él su hijo don Carlos, que estudia medicina en esta Universidad. El finado conservó el conocimiento hasta los últimos momentos, y al darse cuenta de que moría, hizo un gesto como despidiéndose de los que le acompañaban. Hasta el viernes, el señor Valle-Inclán estuvo trabajando en una novela que preparaba, titulada *El trueno dorado* y que hubiera sido continuación de *El ruedo ibérico*.

Hace un año que había venido a Santiago para someterse a tratamiento con motivo de una afección a la vejiga, y a poco de estar aquí observó una importante mejoría, que le permitió dedicarse a sus actividades acostumbradas. En octubre se reprodujo el proceso con caracteres de malignidad y vióse ya que eran impotentes los auxilios de la ciencia, para evitar el funesto desenlace. Hace veinte días se presentaron síntomas alarmantes. A pesar de ello, el enfermo conservó lucidez en todo momento, manifestándose optimista y esperanzado en su curación.

Además de su hijo estaban presentes en el momento de la muerte los doctores Villar Iglesias, padre e hijo, y otros médicos de Santiago.

El ministro de instrucción pública, Sr. Villalobos, se dirigió al rector de la Universidad, diciéndole que le represente en el acto del entierro y que, si fuese necesario enviar dinero por parte del Ministerio para los actos de entierro y demás, se le notifique inmediatamente.

En el sanatorio donde falleció el escritor se recibieron inmediatamente numerosos telegramas de pésame. Por la casa mortuoria, además del alcalde, desfiló la Universidad corporativamente. En el edificio de este centro universitario ondea la bandera a media asta. También hicieron acto de presencia, para testimoniar su sentimiento, el presidente de la Diputación y Comisiones de Sociedades obreras y culturales.

Del cadáver del señor Valle-Inclán se hizo una mascarilla, por el escultor Asorey; un retrato al pastel del pintor Juan Luis y unos apuntes del caricaturista Maside.

El alcalde ha publicado un manifiesto asociándose al acto y pidiendo que se sume al mismo toda la población.

Entre los telegramas de pésame recibidos figuran de los Amigos de la Unión Soviética, Sociedad de Autores Dramáticos, don Fernando de los Ríos, hermanos Quintero, Rivas Cherlf, Almagro, Azaña, Álvarez del Vayo, Besteiro, Museo de Arte Moderno, Academia de Bellas Artes Gallega, etc.

A las cinco de la tarde se verificó el entierro de don Ramón del Valle-Inclán, en el que no figuró el Clero. Presidió el duelo el hijo del finado, don Carlos, con el presidente de la Diputación y otras personas.

Una valoración minuciosa y completa de la obra literaria de Valle-Inclán es empeño para otra ocasión más fría y para otro lugar más amplio. No faltará, si Dios es servido, porque indudablemente el escritor que acaba de morir ocupaba un puesto de gran altura en las letras españolas y cumplió por sí mismo una tarea cuya eficacia empieza y termina en el propio Valle-Inclán. Deja admiradores; pero no discípulos. Era imposible que los tuviese. Los imitadores serviles no pueden ser ascendidos a la categoría del alumnado, y para tener seguidores de esa categoría, Valle-Inclán era excesivamente arbitrario y carecía de aquella humanidad cordial que en todas las esferas acompaña al maestro.

Acabamos de perder, en primer lugar y, sobre todo, un gran artífice del castellano. Había logrado el dominio de una expresión eminentemente significativa, dentro de la más pura y concisa elegancia. En este punto es un modelo y en sus obras queda realizado, en cuanto a la forma, el ideal de un escritor. Una forma bella, sin exuberancias, una línea clara, un nervio vivo, al descubierto, sin la envoltura de ninguna adiposidad, hacen de las obras del escritor, que acaba de morir en su Galicia, un monumento perenne del idioma.

Este parece ser, hoy por hoy (ya veremos lo que el tiempo hace), el valor sobresaliente e indiscutible de los escritos de Valle-Inclán. Quien tenga claras algunas ideas fundamentales sobre el arte literario, acaso objete que este valor del estilo no puede darse aisladamente y como separado de un contenido poético de gran elevación. En tesis general, así es. Pero en tesis general solamente. El contenido de las obras de Valle-Inclán nos da la visión de una humanidad deforme. El autor se ensaña muchas veces con sus personajes, los desprecia y los hiere. Nos da su motivación calificada desde un punto de vista singular, y en consecuencia no nos permite ver a cada personaje de acuerdo consigo mismo y cargado de su propia razón.

La serie de granujas del patio de Monipodio, pintados por Cervantes, son simpáticos, y no porque en algún modo nos hagamos partícipes de su rechazable moral, sino porque se nos muestra de ellos el punto aquel humano común a todos los hombres, que nos hace sentir inevitablemente la solidaridad de la especie. En Valle-Inclán hemos echado siempre de menos algo parecido. Su pluma, exacta y certera muchas veces, ha operado para descubrirnos la arista repulsiva de la humanidad. Hay muchas madres venerables, santas, dignas de todo el respeto y el amor más puros, que podrían resultar repugnantes y grotescas si se las pintara desnudas. Sería bárbaro e injusto hacer tal cosa. Y en cosas de ese estilo se ha complacido Valle-Inclán muchas veces, satisfaciéndose en escarbar el alma humana hasta dar con el rinconcito de la pus. En nombre de sus personajes, por los cuales podemos hablar, si Valle-Inclán fue un verdadero creador, no le perdonamos su cruel impudicia espiritual.

Podemos distinguir en la obra de este escritor varios grupos de libros. De un lado las novelas de la guerra carlista y las cuatro *Sonatas*. De otro sus obras poéticas y teatrales, entre las que figuran en primer término las que tienen de fondo a Galicia, y, finalmente, las denominadas por su autor «esperpentos» y las últimas novelas que formaban parte de una serie bajo la denominación general de *El ruedo ibérico*.

El marqués de Bradomín, personaje central de las primeras obras en quienes muchos han querido ver, si no una autobiografía por lo menos el reflejo de los sueños y aspiraciones del autor, lo que equivale a la biografía de esa parte del espíritu que se queda siempre en potencia porque fallan las demás, era «feo, católico y sentimental». Lo único que parece cierto es lo primero y en algún modo lo último, si llamamos sentimental a quienes se dejan gobernar por las pasiones. El marqués, especie de Casanova un poco menos cínico, aparece rodeado de ambientes exóticos que resultan más o menos propicios al desarrollo de sus aventuras. Hay en ellas ese dolor a flor de piel y esos problemas espirituales propios de gente que no conoce la gran humanidad del trabajo. No es posible establecer una solidaridad completa con gente tan desocupada y tan enfermiza. Ocurre con las *Sonatas* lo que con algunas obras de D'Anunzio, a las que se acercan por el primor del estilo y por la calidad de la poesía: su fondo humano resulta tan limitado y tan pobre en relación con la anchura de la vida, como si comparamos el aire de un invernadero con la limpidez fuerte y aromática de una cumbre.

En las obras del segundo ciclo y de ellas acaso en *Divinas palabras*, en *Romance de lobos* y en *Voces de gesta*, está lo mejor de Valle-Inclán. Se ha discutido mucho y se ha de discutir aún sobre la Galicia del poeta. Pero no cabe duda de que ha sorprendido algunos de los secretos de su alma y ha penetrado en ellos con vigor, dándonos en pinceladas un poco bruscas cierto perfil íntimo, algo nebuloso; pero atrayente y cuajado de sugestivas evocaciones.

El verso de Valle-Inclán es sobrio, cincelado y henchido de significación. Carece de características populares, aun en los momentos en que quiere recoger lo popular. En *La marquesa Rosalinda* se nos da una gallarda muestra de estas cualidades. Otra de las obras de Valle-Inclán que alcanzan gran altura poética es *Cuento de abril*.

No nos permite este examen rápido mayores desarrollos. La última parte de la producción de Valle-Inclán está informada más que otra alguna por esa visión agria del mundo en general y de España en particular que le quita muchos méritos a su obra. En el orden moral esta se distingue por su amoralidad absoluta. Artista de indiscutible valor hay en Valle-Inclán demasiado del hombre de su momento, en preocupaciones y en prejuicios, para que tengan sus libros el valor de universalidad, galardón el más apetecible para los que son verdaderamente escritores nacionales.

7 de enero de 1936

CRONOLOGÍA

1897

7 de noviembre. Nace en Mataró Nicolás González Ruiz.

1902

17 de mayo. Mayoría de edad de Alfonso XIII. Fin de la Regencia.

1910

Fundación del primer diario *El Debate* promovido por el obispo de Jaca.

1911

1 de noviembre. Ángel Herrera asume la dirección de *El Debate*. Comienza la nueva etapa.

1912

23 de noviembre. Constitución de la Editorial Católica.

1915-1918

Libertad de prensa (Romanones).
Muere Isabel González Ruiz, hermana de Nicolás.
Publica en *El Noticiero Universal* unas poesías dedicadas a su memoria.
Publica en *El Noticiero Universal* su primer cuento *El peixet*.

1918-1922

Se establece en España la jornada laboral de ocho horas (Real Decreto de 3 de abril de 1919).

Nicolás González Ruiz se traslada a Madrid para trabajar en la editorial Saturnino Calleja.

Empieza a trabajar en Espasa-Calpe.

Muere su hermana María.

14 de septiembre (1922). Contrae matrimonio con Julia Hernández.

Septiembre (1922). Se incorpora como lector de español a la cátedra de Allison Peers en Liverpool.

1923

16 de junio. Nace su primera hija, Isabel.

Julio. Conoce a Ángel Herrera Oria, que le anima a trabajar en *El Debate*.

13 de septiembre. Dictadura del general Primo de Rivera. Se implanta la censura previa a la prensa (hasta 11/09/1930).

Octubre. Dirige la revista *Bulletin of Spanish Studies* en Liverpool.

1924

Ingresa en *El Debate*, se le encargan los editoriales.

1925

2 de abril. Nace su hija María.

Nace el Consejo Editorial de *El Debate* del que forma parte desde el primer día.

1926

Imparte la asignatura «Redacción Periodística» en el primer curso organizado por la Escuela de Periodismo de *El Debate*.

30 de noviembre. Alfonso XII inaugura en Madrid el teléfono automático.

1927

11 de febrero. Nace el tercer hijo de González Ruiz, Antonio.

1928

Azorín alude en un artículo a las cualidades de Nicolás González Ruiz como escritor y prosista.

1929

3 de febrero. Decreto ley obligando a los periódicos a insertar notas del Gobierno.
29 de septiembre. Nace otra hija de González Ruiz, Julia.

1930

29 de enero. Fin de la dictadura de Primo de Rivera.
Gobierno Berenguer.
11 de septiembre. Se levanta la censura previa a la prensa.
13 de diciembre. Se restablece la censura previa a raíz del levantamiento de Jaca.

1931

9 de febrero. Se levanta la censura de prensa.
14 de abril. Proclamación de la II República española.
10-11de mayo. Suspensión de *El Debate*.
26 de noviembre. Nace un nuevo hijo de Nicolás González Ruiz, Rafael.

1932

19 de enero. Nueva suspensión de *El Debate*.
19 de febrero. Los redactores de *El Debate* hacen pública una nota en defensa de su libertad.
26 de marzo. Reaparece *El Debate*.

Se incorpora a los estatutos de La Editorial Católica el Consejo Editorial de *El Debate*.

1933

12 de enero. Nicolás González Ruiz, padre de una nueva hija, Aurora.
21 de marzo. Aparece el número 1 de *Ya*.
19 de noviembre. Triunfo de las derechas en las elecciones generales.
10 de diciembre. Se establece la censura previa ante el intento revolucionario anarco-sindicalista.

1934

7 de abril. Se levanta el estado de alarma y prevención y se restablecen las garantías constitucionales. Ese mismo día nace otra hija de González Ruiz, Montserrat.
23 de septiembre. Estado de alarma en toda España.

1935

14 de abril. Aparece el *Ya* vespertino al que González Ruiz se incorpora como crítico teatral y literario.

1936

9 de enero. Cesa la censura previa cara a las elecciones generales del 16 de febrero siguiente.
16 de febrero. Triunfo del Frente Popular.
13 de julio. Asesinato de Calvo Sotelo.
18 de julio. Inicio de la Guerra Civil española.

1937

12 de febrero. Nace la última hija de Nicolás González Ruiz, Mª del Pilar.

1938

22 de abril. Ley de Prensa en la España nacional (*BOE* 23 de abril).

1939

29 de marzo. Cuarta y definitiva suspensión de *El Debate*.
1 de abril. Fin de la Guerra Civil.
Ya se transforma en diario matutino bajo la dirección de Juan José Pradera.

1940-1949

Sucede la muerte de Alfonso XIII.
Referéndum nacional sobre la Ley de Sucesión.
González Ruiz, asesor literario del Teatro Español de Madrid y profesor de la Escuela Oficial de Periodismo.
Obtiene el premio Luca de Tena de periodismo por su artículo «La Literatura española del siglo xx» (1948).

1953

Publica el primer manual para la Escuela: *El periodismo, teoría y práctica*.

1960

22 de octubre. Muere su hijo Rafael.
Nace la Escuela de Periodismo de la Iglesia.

1961

13 de agosto. Construyen el muro de Berlín.
Nicolás González Ruiz, director de la Escuela de Periodismo de la Iglesia.

1962

10 de julio. Cese de Arias Salgado como ministro de Información y Turismo. Le sustituye Fraga.

1966

18 de marzo. Ley de Prensa e Imprenta.
14 de diciembre. Referéndum nacional.

1967

Nicolás González Ruiz publica el artículo «La tranquila muerte de D. Sebastián».
27 de diciembre. Fallece de infarto en su domicilio de Madrid.

BIBLIOGRAFÍA

DOVIFAT, E. (1959). *Periodismo*. México.

GÓMEZ APARICIO, P. (1974). *Historia del Periodismo español*. Editora Nacional, Madrid.

GONZÁLEZ RUIZ, N. (1940). *Normas Generales de Redacción*. Ed. Magisterio Español, Madrid.

— (1957). *Obra Selecta*. Ed. Labor, Barcelona. Cinco Volúmenes.

— (1965). «Redacción periodística». *Enciclopedia del Periodismo*. Ed. Noguer, Madrid.

— (1965). *El periodismo, teoría y práctica*. Ed. Noguer, Barcelona.

LÁZARO CARRETER, F. (1972). *Lengua española: Historia, teoría y práctica*. Salamanca.

MARTÍNEZ ALBERTOS, J. L. (1983). *Curso General de Redacción Periodística*. Ed. Mitre, Barcelona.

MARAÑÓN, G. (1957). Prólogo a la *Obra Selecta* de Nicolás González Ruiz. Ed. Labor, Barcelona.

SÁNCHEZ ARANDA, J. J. y BARRERA DEL BARRIO, C. (1992). *Historia del Periodismo español*. EUNSA, Pamplona.

SEOANE, M. C. y SÁIZ, M. D. (1996). *Historia del periodismo en España*. T. 3: *El siglo XX: 1898-1936*. Alianza Editorial, Madrid.

ROMÁN-GARCÍA (1996). *La Voz de Galicia, apuntes históricos*. Ed. Goya-Estela, Madrid.

OTRAS FUENTES DOCUMENTALES CONSULTADAS

ARTÍCULOS DE DIARIOS Y REVISTAS (POR ORDEN CRONOLÓGICO)

El Debate.

El Noticiero Universal.

GONZÁLEZ RUIZ, N., «Autocrítica», *Madrid* (06/05/1943).

GARCÍA VENERO, M., *Ya* (18/02/1944).

GONZÁLEZ RUIZ, N., *Gaceta de la Prensa Española* (febrero 1944).

GONZÁLEZ RUIZ, N., «Buenas noches», Suplemento de *Pueblo* (05/10/1944).

ABC (20/03/1945).

Dígame (20/03/1945).

Fotos (octubre 1945).

VÁZQUEZ DODERO, J. L., *Informaciones* (23/03/1945).

Informaciones (19/10/1950).

FERNÁNDEZ ALMAGRO, M., «Crítica y Glosa», *ABC* (13/02/1955).

FERNÁNDEZ ALMAGRO, M., «Crítica y Glosa», *ABC* (15/06/1958).

Punta Europa (marzo 1959).

«En la muerte de Nicolás González Ruiz», *Hoja del lunes de Madrid* (01/01/1968).

«Hizo bien lo que tenía que hacer», *La Verdad* (03/01/1968).

«Recuerdo íntimo de Nicolás González Ruiz», *Mataró* (04/01/1968).

MARTÍN ABRIL, F. J., «Recuerdos de Nicolás», *La Verdad* (04/01/1968).

«Acto en memoria de González Ruiz en la Escuela de Periodismo de la Iglesia», *Ya* (11/01/1968).

«Homenaje a don Nicolás González Ruiz», *Arriba* (11/01/1968).

«Crónica Social», *Estafeta literaria* (13/01/1968).

«Nicolás González Ruiz», *Gaceta Ilustrada*, n.º 588 (14/01/1968).

«Festival mundial del circo», *Arriba* (14/01/1968).

GARCÍA FÉLIX, P., «Era sencillo y limpio», *La Verdad* (20/01/1968).

«Lección para españoles», *Vida Nueva* (20/01/1968).

«Nicolás González Ruiz», *El Progreso* (20/01/1968).

«Don Nicolás», *Revista* (febrero 1968).

CAMPMANY, J., «Leer en la cama», *Arriba* (febrero 1968).

DEL ÁLAMO, L., «Don Nicolás en su rincón», *ABC* (21/02/1968).

«González Ruiz, el maestro», *Actualidad Tabaquera* (15/02/1968).

«Pulso de la villa: tres periodistas de honor», *La Vanguardia* (07/04/1968).

«Premio Nicolás González Ruiz», *El Ideal Gallego* (25/06/1968).

CARABIAS, J., «Premio Nicolás González Ruiz», *El heraldo de Aragón* (26/06/1968).

«Premio Nicolás González Ruiz», *Ya* (25/06/1968).

Arriba (25/06/1968).

La Verdad (25/06/1968).

Diario Regional (25/06/1968).

Mataró (09/07/1968).

Diario de Las Palmas (23/08/1968).

BRASSO, «Nicolás González Ruiz escribió demasiado por encargo», *Pueblo* (16/10/1968).

AZNAR, M., *Ya* (25/10/1968).

MARTÍN, I., *Ya* (diciembre 1968).

«Premio Nicolás González Ruiz», *Informaciones* (28/12/1968).

«Premio Nicolás González Ruiz. 1969», *Diario SP* (28/12/1968).

«Convocatoria al premio Nicolás González Ruiz», *El Alcázar* (28/12/1968).

«La Editorial Católica convoca el premio Nicolás González Ruiz», *Hoy* (28/12/1968).

«Premio Nicolás González Ruiz», *Ideal* (28/12/1968).

«Se convoca el premio Nicolás González Ruiz», *El Ideal Gallego* (28/12/1968).

GONZÁLEZ, F. A., «Carta a don Nicolás González Ruiz», *Ya* (28/12/1968).

«Premio Nicolás González Ruiz 1969», *ABC* (29/12/1968).

GÓMEZ APARICIO, P., «D. Nicolás ha muerto», *Hoja del Lunes de Madrid* (01/01/1969).

Escuela Española (02/01/1969).

GÓMEZ APARICIO, P., *Ya* (02/06/1977).

FUENTES TESTIMONIALES

Entrevista con Alejandro Fernández Pombo (01/07/1977).
Entrevista con Vicente Gállego (02/07/1977).
Felipe González Ruiz.
Antonio González Hernández.
Aurora, Memen, Elena y Natividad Hernández Hernández.

SE TERMINÓ DE IMPRIMIR ESTA EDICIÓN DE
ESCRIBIR CON BUEN HUMOR: NICOLÁS GONZÁLEZ RUIZ.
SELECCIÓN DE ARTÍCULOS PUBLICADOS EN EL DEBATE *(1923-1936)*
EL DÍA 24 DE ENERO DE 2024,
FESTIVIDAD DE SAN FRANCISCO DE SALES,
PATRÓN DE LOS PERIODISTAS.

LAUS DEO VIRGINIQUE MATRI